KB201650

고전 시크릿
100

고전 시크릿
100

강경희 지음

정민
미디어

들어가는
말

　동양고전(東洋古典)에서 인생의 답을 찾을 수 있습니다. 고전을 재
해석함으로써 지금의 고민과 걱정의 실마리를 풀 수 있습니다. 고
전의 주옥같은 명문장들을 통해 위로와 희망을 얻을 수 있습니다.

　고전은 선현들의 탁월한 지혜와 인간사의 모든 것이 담겨 있는
인류의 보고(寶庫)입니다. 그런 만큼 백 번을 읽어도 과하지 않을
것입니다. 하지만 요즘 같은 바쁜 시대에 그 수많은 고전을 모두
섭렵하기란 쉽지 않습니다. 이것이 이 책을 집필한 시작점입니다.

　이 책은 바쁜 현대인들이 그럼에도 꼭 알면 좋을 고전 문장 100
개를 선별하여 주제별로 묶어 풀어냈습니다. 고전의 원문과 출
전, 역사적 배경과 상세한 해설을 통해 각각의 고전을 쉽게 이해
하도록 했고, 나아가 오늘날에 걸맞은 통찰을 녹여 삶에 적용할

수 있도록 하는 데 역점을 두었습니다.

좀 더 구체적으로, 이 책은 총 5장으로 구성되어 있습니다.

1장은 '나'와 '너', '우리'가 어떻게 행복한 관계를 맺어야 할지 그 비결을 제시한 고전들을 펼쳤습니다.

2장은 배움의 필요성과 배움으로 더 나은 사람이 될 자기계발의 지혜를 밝힌 고전들을 정리했습니다.

3장은 그 어떤 역경에서도 긍정의 마음을 유지하며 현명하게 살아가는 방법을 가르쳐주는 고전들을 모았습니다.

4장은 동서고금을 막론하고 누구나 제일 힘들어하는 욕심 내려놓기에 관한 고전들을 엄선했습니다.

5장은 사랑을 실천하며 후회 없는 인생을 살아야 하는 이유와 방법을 소개한 고전들을 다루었습니다.

지난날, 역사 속 위인들도 수많은 시행착오와 실패를 통해 발전했습니다. 그들의 발자취를 돌아보고 더 나은 방향으로 나아가며 미래의 청사진을 현실화해야 합니다. 지금, 마음속에 그린 꿈을 이루지 못한 채 제자리걸음하고 있거나 막막한 어둠 속에서 헤매고 있다면, 이 책으로 갈 길을 밝히길 바랍니다.

요컨대 고전 혜안서라고 할 만한 이 책을 통해 인문적 성장은 물론 더 나은 인생을 위해 무엇을 어떻게 해야 하는지 현실적 깨달음과 더불어 실행의 힘을 키우길 바랍니다.

'50년을 살면 49년이 후회다.'

이는 한나라 유방의 손자 유안이 당대의 학자들과 함께 저술한 중국 고전《회남자(淮南子)》에 나오는 말입니다. 그 누구도 후회하지 않는 인생을 살 순 없습니다. 다만, 후회를 최소화하기 위해 끊임없이 책을 읽고 배워야 합니다. 그래서 다시 고전입니다.

고전을 읽을 때마다 선현의 혜안이 열릴 것입니다. 인생의 정도(正道)가 펼쳐질 것입니다. 생의 희망이 싹틀 것입니다. 나아갈 힘이 생길 것입니다. 더 나은 인생을 살게 될 것입니다. 이 책을 읽는 독자 여러분 모두 더없이 행복해지길 기원합니다.

강경희

차례

01 ──────────── 인간관계의 비밀 알기

• • •

02 ——————— 배움의 지혜 터득하기

...

03 ──────── 긍정의 마음 유지하기

• • •

04 ————— 욕심 내려놓기

• • •

05 ──────────── 후회 없이 사랑하며 살기

• • •

송원이사안서(送元二使安西)

위성의 아침 비가 가벼운 먼지를 적셔주니,

객사에 푸르른 버들잎은 빛깔도 새롭구나.

그대에게 다시 한 잔 술을 다 마시라고 권하노니,

서쪽으로 양관을 나서면 친구도 없을 텐데.

_ 왕유(王維)

인간관계의 비밀 알기

01

모든 사람을 손님 대하듯 섬겨라

문을 나갔을 때는 큰손님을 만나듯 하며,
백성에게 일을 시킬 때는 큰 제사를 받들 듯이 하고,
자신이 하고자 하지 않는 일을 남에게 베풀지 말아야 하니,
이렇게 하면 나라에 있어서도 원망함이 없으며,
집안에 있어서도 원망함이 없을 것이다.
중궁이 말했다.
"제가 비록 불민하오나 청컨대 이 말씀을 실천하겠습니다."

_《논어(論語)》_

• • •

tvN 예능 프로그램 〈유 퀴즈 온 더 블럭〉에 2023년 5월 가정의
달을 맞이해서 소아정신과 전문의 김붕년 교수가 출연했습니다.
좋은 부모가 된다는 것은 무엇이냐는 질문에 그는 이렇게 말했습
니다.

"당신의 자녀는 배우자와 내게 찾아온 귀한 손님입니다."

우리는 귀한 손님을 맞이할 때 정중히 예의를 갖춰 들입니다.
그 손님에게 자신이 좋아하는 것을 강요하지도 않습니다. 그리고
그 손님을 배웅할 때는 미련 없이 보내줍니다.

같은 맥락입니다. 자식을 대하는 데서도 다르지 않습니다. 자식과 배우자를 손님 대하듯 하라는 김 교수의 조언은 오랫동안 여운이 남습니다.

《논어》에도 이와 비슷한 말이 있습니다. 제자 중궁이 스승 공자에게 인(仁)에 대해 물었습니다. 공자가 대답했습니다.

"집 문을 나서는 순간, 만나는 모든 사람을 큰손님처럼 대하는 것이 인이다."

큰손님을 '대빈(大賓)'이라고 합니다. 만나는 모든 사람을 신분의 귀천과 지위의 높고 낮음에 관계없이 모두 큰손님처럼 맞이하라는 뜻입니다. 세상의 모든 사람을 큰손님 맞이하듯 정성을 다해서 겸손하게 대하는 것이 인이라는 말입니다.

세상에 소중하지 않은 사람이란 없습니다. 천도교에는 '인내천(人乃天)'이라는 말이 있습니다. 이는 '사람 섬기기를 하늘 섬기듯 하라'는 천도교의 중심 교리입니다.

돈이 많고 돈을 잘 쓰는 고객을 더 극진하게 대접하고, 깔끔하게 차려입은 사람에게 기회를 먼저 주고, 예쁜 사람에게 더 관심을 주고, 정상인과 비정상인을 차별하는 등 이 모든 것은 올바른 일이 아닙니다.

세상의 모든 사람을 큰손님처럼 생각하는 태도와 정신이야말로 세상을 아름답게 하는 최고의 가치입니다. 이런 사상을 가지고 살아간다면 인간관계에서 오는 어려움은 모두 극복할 수 있습니다.

부모, 형제, 배우자, 자녀는 물론 우리가 만나는 사람 모두가 세상에서 가장 귀한 큰손님입니다. 이를 명심하고 사랑과 존중으로 대해야 합니다.

出門如見大賓 使民如承大祭 己所不欲 勿施於人 在邦無怨 在家無怨
출 문 여 견 대 빈 사 민 여 승 대 제 기 소 불 욕 물 시 어 인 재 방 무 원 재 가 무 원

仲弓曰 雍雖不敏 請事斯語矣
중 궁 왈 옹 수 불 민 청 사 사 어 의

02

나를 대하듯이 남을 대하라

내가 하고 싶지 않은 일을 남에게 시키지 말라.

_《논어》

• • •

《논어》〈위령공편(衛靈公篇)〉에서 제자 자공이 공자에게 '인(仁)'에 대해 물었습니다. 공자가 대답했습니다.

"그것은 바로 "서(恕)'다. 자기가 원하지 않는 것을 다른 사람에게 행하지 말라."

공자가 말하는 인의 실천은 '충(忠)'과 '서'로 집약됩니다. '충'은 자기 내면을 충실하게 하는 것이고, '서'는 다른 사람과의 관계에서 예의를 갖추고 배려하는 것입니다. 상대방을 내 몸처럼 생각하고, 상대방의 입장에서 생각하며 행동한다면 사람과 사람 사이는 아름다운 관계 그 자체가 됩니다.

《명심보감(明心寶鑑)》에도 비슷한 맥락의 말이 있습니다.

'남이 나를 소중히 여기길 바란다면, 내가 먼저 남을 소중히 여겨라(若要人重我요인중아 無過我重人무과아중인).'

자신이 똑똑하고 남이 나보다 어리석다 하여 그를 비웃거나 조롱하면 안 됩니다. 자신의 지위가 높다고 해서 다른 사람을 무시하면 다른 사람들의 존경을 받지 못할 것입니다. 남에게 높임을 받고 싶다면 먼저 상대방을 그렇게 해주는 마음을 가져야 합니다.

'군자는 자신의 마음을 미루어 남을 헤아린다'라고 했습니다. 상대의 입장이 돼보면 배려심 있는 사람이 될 수 있습니다. 인간관계의 핵심은 바로 상대방의 입장이 돼보는 것입니다. 내가 먼저 상대방을 알아줄 때 상대방도 나를 알아주게 됩니다. 위에서 싫어하는 것으로 아랫사람을 부리지 말라 했고, 아래에서 싫어하는 것으로 윗사람을 섬기지 말라고 했습니다. 앞에서 싫어하는 것으로 뒷사람을, 뒤에서 싫어하는 것으로 앞사람을 대하지 말아야 합니다.

사회가 어렵고 각박해질수록 고통을 솔선수범해서 짊어지려는 사람이 없습니다. 나만 아니면 된다는 생각으로 상대방에게 힘든 일들을 전가하기 십상입니다. 회사에서 구조조정을 한다면 내가 아닌 타인이 되어야 한다고 생각합니다. 오직 자신의 이익에만 관심이 있는 것이 요즘 세상의 태도입니다. 내가 먼저 배려하면 상대가 나를 원망하지 않습니다. 똑같이 베푼 만큼 받지는 못할

지라도 원망하지는 않습니다.

힘든 세상이지만 아직은 그래도 살 만합니다. 암흑 같은 이 세상을 움직이는 것은 상대를 생각해주는 배려심입니다. 내가 먼저 베풀면 됩니다. 먼저 베풀면 상대가 감동합니다. 내가 싫으면 남도 싫습니다. 상대의 입장이 되어 생각하고 고민하고 배려해야 합니다.

근사하게 원문 읽기

己所不欲勿施於人
기 소 불 욕 물 시 어 인

03

형제관계가 좋은 집인지 보라

세상에서 가장 구하기 힘든 것이 바로 형제다.

《격언연벽(格言聯璧)》

• • •

고려 공민왕 때의 일입니다. 어느 형제가 함께 길을 가던 중, 아우가 금덩어리 두 개를 주워서 하나를 형에게 주었습니다. 큰 강에 이르러 배를 타고 강을 건너는데, 아우가 갑자기 금덩어리를 강물에 던져버렸습니다. 형이 동생의 행동을 이상히 여겨 묻자, 아우가 대답했습니다.

"내가 그동안 형을 매우 사랑했는데, 지금 금덩어리를 나누고 보니 갑자기 형을 미워하는 마음이 생겼습니다. 아무래도 금덩어리는 상서롭지 못한 물건이라는 생각이 들었습니다. 이 금덩어리를 강물에 던져버리는 것이 낫다고 생각했습니다. 그래서 금덩어리를 강물에 버렸습니다."

"네 말이 과연 옳구나."

그렇게 형 또한 동생을 따라 금덩어리를 강물에 던져버렸습니다.

이 이야기는 원래 불전 설화인데, 민담화하여 구전된 이야기입니다. 형제는 부모가 같은 피를 나눈 가족입니다. 재물 때문에 형제의 우애가 결코 손상되어서는 안 됩니다. 그러나 현실은 그렇지 않을 때가 많습니다.

부모의 장례를 치르고 난 직후부터 부모의 유산을 가지고 형제가 법정까지 오가며 재산 분쟁을 하는 사건이 날로 증가한다는 신문 기사를 많이 접하게 됩니다. 재물은 누구나 노력하면 얻을 수 있습니다. 그러나 피를 나눈 형제는 마음대로 구한다고 구해지는 것이 아닙니다.

《안씨가훈(顔氏家訓)》은 말합니다.

'형을 공경하는 것이 아버지를 섬기는 것과 같지 않으면서 어찌 아우를 사랑하는 것이 자식 사랑에 미치지 못함을 원망하는가?'

'성장해서 각각 처자식이 생기면, 비록 인품이 중후한 사람이라도 형제간의 우애는 다소 멀어질 수밖에 없다. 형제의 아내들은 형제에 비하면 관계가 소원하기 때문이다.'

《사자소학(四字小學)》에서도 형제는 뿌리가 같고 가지가 다른 것으로 비유합니다. 형이 의복이 없으면 동생은 반드시 형에게 의

복을 드려야 하고, 동생이 먹을 것이 없으면 형은 반드시 동생에게 먹을 것을 주어야 합니다. 형제가 화목하게 지내는 것이 바로 부모에 대한 효도입니다.

사회에서 만난 형제 같은 관계에 최선을 다하면서 진정 나와 핏줄을 나눈 형제에게 최선을 다하고 있는지 돌아봐야 합니다. 부모에게 효도하는 방법은 여러 가지가 있을 수 있지만, 형제간에 우애하며 사는 모습을 보여주는 것이 가장 훌륭한 효도입니다.

인생을 살면서 최고의 경쟁자는 형제자매라고도 했습니다. 그 누구보다 상대에게 질투심을 느끼는 관계입니다. 부모의 사랑을 독차지하기 위해 끝없는 경쟁을 합니다. 그렇기에 형제간의 우애는 그 어떤 인간관계보다도 어렵습니다. 핏줄을 나눈 형제간의 우애가 깊은 집안의 사람들은 당연히 사회생활도 잘하게 되어 있습니다. 그들의 관계 맺기는 분명 아주 훌륭하게 하고 있을 것입니다. 근본에 충실하면 모든 일은 잘 풀리게 되어 있습니다. 인간관계의 기본은 가정에서 시작됩니다.

근사하게 원문 읽기

世間最難得者兄弟
세 간 최 난 득 자 형 제

04

자신에게는 특히 엄정하라

공자께서 말씀하셨다.
자신에게는 엄중하게 책망하고, 남에게는 가볍게 책망한다면,
원망을 멀리하게 된다.

_《논어》

•••

'자기 눈에 들보는 보지 못하면서 남의 눈에 티끌은 잘 본다.'

사람은 누구나 다른 사람이 잘못은 잘 보지만 실상 자기의 잘못은 잘 깨닫지 못하는 경우가 많습니다. 다른 사람의 잘못을 지적하듯이 자기의 잘못을 세세하게 깨달아야 합니다.

사람의 본성 중에는 남보다 자신을 더 사랑하는 것이 있습니다. 그렇기에 이를 경계하는 문구가 많습니다.

《명심보감》은 말합니다.

'남을 책망하는 마음으로 자신을 책망하고, 자신을 용서하는 마음으로 남을 용서하라.'

또한 《채근담(菜根譚)》은 말합니다.

'다른 이에는 봄바람같이, 나에게는 가을 서리같이(待人春風대인춘풍
持己秋霜지기추상).'

이 문구들의 속뜻은 나에게는 최대한 엄격하게, 다른 사람에게
는 배려와 용서의 마음으로 대하라는 말입니다.

단체 사진을 볼 때 제일 먼저 누구를 봅니까? 아마 모두 제일
먼저 자기 모습을 찾게 됩니다. 여러 단체 사진 중에서 SNS에 게
시하려고 한다면 자기 모습이 제일 잘 나온 사진으로 올릴 것입
니다. 세상의 중심이 '나' 자신으로 시작되는 것이 맞습니다.

그러나 삶은 나 혼자 살아가는 것이 아닙니다. 나와 다른 사람
들이 관계를 맺으면서 살아갈 수밖에 없습니다. 나에게 관대하듯
이 남에게도 조금만 더 관대하게 대해야 합니다. '나는 되고 너는
안 된다' 하는 못된 심리를 멀리해야 합니다. 더 나아가 남이 나에
게 조언을 해준다면 넓은 마음으로 받아들여야 합니다.

《사기(史記)》는 말합니다.

'좋은 약은 입에 쓰나 병에는 이롭고, 충언은 귀에 거슬리나 행
하면 이롭다(良藥苦口利於病양약고구이어병 忠言逆耳利於行충언역이이어행).'

사람은 누구나 자기가 듣기 좋은 말에만 귀를 기울이게 마련입
니다. 하지만 진실로 자신에게 도움이 되는 말은 귀에는 거슬릴
지라도 바르게 충고하는 말이라는 것을 알아야 합니다.

자존심 때문에 충고의 말을 듣고 더 화를 내어 관계를 그르치는 일은 하지 말아야 합니다. 다른 이에게는 봄바람처럼 따스한, 그러나 나에게는 가을 서리처럼 엄정한 사람의 모습을 지녀야 합니다.

子曰 躬自厚 而薄責於人 則遠怨矣
자 왈 궁 자 후 이 박 책 어 인 즉 원 원 의

05

입으로만 칭찬하지 말라

공자께서 말씀하셨다.
군자가 입으로만 남을 칭찬하지 않으면 백성들은 충성된 마음을 일으킨다.
그러므로 군자는 남이 춥다는 말을 듣고서 옷을 입혀주며,
남의 굶주림을 듣고서 먹을 것을 주며,
남의 아름다움을 칭찬할 때는 벼슬을 준다.

_《논어》_

● ● ●

칭찬에도 진심이 담겨 있어야 칭찬받는 사람의 마음을 움직일 수 있습니다. 직장에서는 승진과 포상으로 직원들의 마음을 움직일 수 있고, 가정에서는 부모님의 진심이 담긴 칭찬으로 자녀의 자존감을 높일 수 있습니다.

뛰어난 지도자는 사기를 높이고 의욕을 북돋아주는 도구로 칭찬을 잘 활용합니다. 입으로 칭찬하는 것은 '말'이며 포상으로까지 이어지는 것은 '행동'입니다.

군자는 남이 춥다면 옷을 주었으며, 굶주리면 먹을 것을 주었고, 칭찬받을 만한 인물이면 벼슬을 준다고 합니다. 칭찬 뒤에 행동이 반드시 뒤따른다면 상대의 마음을 얻을 수 있습니다.

인간관계에서 기본은 신뢰입니다. 가정, 학교, 사회에서 상벌제도 또한 신뢰를 바탕으로 엄정하게 이뤄져야 합니다. 상을 받을 만한 사람에게 상을 주고, 벌을 받을 만한 사람에게 벌을 주면 됩니다. 말로만 칭찬하거나 말로 벌을 내리는 행위는 신뢰를 무너뜨리는 행동인데, 오히려 원망을 사게 될 수도 있습니다.

《한비자(韓非子)》에 이런 이야기가 있습니다.

옛날 제나라 환공이 보라색 옷을 즐겨 입자, 조정의 신하들은 물론 백성들까지 그 흉내를 내는 바람에 보라색 천값이 하얀색 천값의 다섯 배나 비싸졌습니다. 이에 환공이 재상 관중을 불러 상의한 결과, 관중의 조언에 따라 그날부터 환공이 보라색 의복을 입지 않았을뿐더러 보라색 옷을 입고 궁에 들어오는 신하가 있으면 "과인은 그 보라색 냄새가 싫다"라며 코를 막았습니다. 그 랬더니 사흘도 안 되어 보라색 옷이 완전히 사라졌습니다.

이렇듯 윗사람의 말과 행동은 매우 중요합니다. 입으로만이 아 닌, 몸소 보여주는 모습이 본받을 어른의 모습입니다.

근사하게 원문 읽기

子曰 君子不以口譽人 則民作忠 故君子問人之寒則衣之
자 왈 군 자 불 이 구 예 인 즉 민 작 충 고 군 자 문 인 지 한 즉 의 지

問人之飢則食之 稱人之美則爵之
문 인 지 기 즉 식 지 칭 인 지 미 즉 작 지

06

물이 맑으면 물고기가 없다

공자께서 말씀하셨다.
물이 너무 맑으면 고기가 없고,
사람이 너무 엄격하면 따르는 사람이 없다.

《논어》

• • •

훌륭한 관리가 되는 길을 묻는 제자 자장에게 공자는 답합니다. 물이 지나치게 맑으면 고기가 없고, 사람이 지나치게 맑으면 따르는 사람이 없다고. 백성이 작은 허물이 있으면 그의 착한 점을 찾아내어 그의 허물을 용서하라고. 청렴결백도 좋지만, 너무 지나치면 사람이 따르지 않습니다.

깨끗한 집에 가면 기분이 좋습니다. 그런데 어딘가 모르게 행동이 불편합니다. 깨끗한 집에 더러움을 남기면 안 될 것 같아서 조심스럽게 행동하게 됩니다. 그렇다 보니 그 집에 오래 머물고 싶지 않습니다. 사람도 그렇습니다. 예의 바르며 빈틈 없이 완벽한 사람이 있습니다. 흠잡을 것이 없습니다. 그런데 어딘가 모르게 불

편한 사람으로 느껴져서 자주 만나고 싶지 않은 사람으로 여겨집니다. 인간관계도, 국가 통치도 모두 균형을 이뤄야 합니다. 너그러움과 엄격함의 균형을 잡는 것이 관건입니다.

송나라 태종은 이렇게 말했습니다.

"나라를 다스리는 도(道)는 너그러움과 엄격함의 균형을 잡는 데 있다. 지나치게 너그러우면 정치 명령이 이뤄지지 않고, 지나치게 엄하면 백성의 수족을 빌릴 수 없다. 천하를 가진 자, 이 점을 깊이 알아야 한다."

대통령이 지나치게 너그러우면 모든 조직의 기강이 해이해져 국가 통치가 어려울 수 있습니다. 반대로 너무 엄하면 아래에서부터 원망이 많아질 것입니다. 기업들을 너무 옥죄면 오히려 경제계가 혼란을 일으켜 나라 경제가 위태로워질 수도 있습니다.

너그러우면서도 동시에 엄격함을 유지한다는 것은 매우 어려운 일입니다. 그럼에도 이것은 나라의 정치뿐 아니라 회사 조직, 가정, 학교에서도 필요한 덕목입니다. 개인의 인간관계에서도 너그러움과 엄격함은 필요합니다. 너무 깨끗하지도, 너무 더럽지도 않은 지점이 어느 지점인지 배우고 알아가야 합니다.

근사하게 원문 읽기

子曰 水至淸則無魚 人至察則無徒
자 왈 수 지 청 즉 무 어 인 지 찰 즉 무 도

07

사람의 마음은 늘 변한다

교활한 토끼가 죽으니 좋은 사냥개를 삶고,
높이 나는 새가 다 잡히면 좋은 활도 광에 들어가며,
적국을 깨부수니 계책을 꾸미던 신하가 망하는구나.
천하가 이제 평정됐는데, 그런고로 나도 마땅히
삶아질 수밖에 없음이로다.

_《사기》

• • •

중국을 통일한 한나라 유방은 일등 공신 한신을 초나라 왕으로
봉했으나, 그의 세력이 언젠가는 자신에게 도전하지 않을까 늘
염려했습니다. 그러던 차에 유방과 패권을 다투었던 항우의 부하
종리매가 옛 친구인 한신에게 몸을 의탁하는 일이 생깁니다.

예전에 전투에서 종리매에게 고초를 당했던 유방은 종리매가
초나라에 있다는 사실을 알고 그를 체포하라는 명령을 내렸으나,
한신은 옛 친구를 배반할 수 없어 명령을 따르지 않습니다.

유방은 갑자기 초나라를 순행한다는 구실로 제후들을 초나라
서쪽 경계인 진(陳)나라에 모이게 합니다.

한신은 자신에게 아무런 잘못이 없다고 생각하여 자진해서 유

방을 맞이하려고 했는데, 부하들이 종리매의 목을 베어 가지고 가면 황제가 기뻐할 것이라는 계책을 내놓습니다. 한신의 친구 종리매가 이 소식을 듣고 한신에게 서운함을 내비치며 스스로 목을 베어 자결합니다.

한신은 종리매의 목을 가지고 가서 유방에게 바쳤으나 유방은 한신을 포박합니다. 모반의 진상을 조사한 뒤 혐의가 없자 초왕에서 회음후(淮陰侯)로 강등합니다. 이에 한신은 한탄합니다.

"과연 사람들의 말과 같도다. 교활한 토끼를 다 잡고 나면 사냥개를 삶아 먹고, 새 사냥이 끝나면 좋은 활도 감추어지며, 적국이 타파되면 모신도 망한다. 천하가 평정되고 나니 나도 마땅히 '팽' 당하는구나!"

이것이 바로 '토사구팽(兎死狗烹)'의 유래입니다.

사람을 어디까지 믿어야 할까요? 인간관계에서 제일 어려운 것이 바로 이 지점입니다. 나의 마음과 상대의 마음은 절대 같을 수 없습니다. 타인의 마음을 내가 절대 어찌할 수 없습니다. 우리가 할 수 있는 것은 타인의 마음을 읽을 수 있는 통찰력을 키우는 일에 더 매진하는 것입니다.

'인문(人文)'이라는 단어는 '사람이 무늬'라고 해석될 수 있습니다. 사람은 저마다 자기만의 무늬가 있습니다. 나의 무늬가 소중하듯 다른 사람의 고유한 무늬를 인정해줘야 합니다. 타인과의 갈등은 최소화해야 합니다. 사람의 마음은 시와 때와 상황에 따라 바뀔 수 있다는 것을 생각하고 끊임없는 수양과 공부를 통해 쓰임만 받고 버려지는 한신처럼 억울한 일을 당하지 않아야 합니다.

狡兎死良狗烹 飛鳥盡良弓藏 敵國破謀臣亡 天下已定 我固當烹
교 활 사 량 구 팽 비 조 진 량 궁 장 적 국 파 모 신 망 천 하 이 정 아 고 당 팽

08

친구는 나와 닮은 사람이다

같은 소리를 가진 사람이 서로 만나면 크게 반응하고,
같은 기운을 가진 사람은 서로 만나게 된다.

_《주역(周易)》

• • •

'붉은 것을 가까이하는 사람은 붉어지고, 검은 것을 가까이하는 사람은 검어진다'라는 옛말이 있습니다. 같은 기운을 가진 사람끼리 반응하고 만나게 마련입니다. 같은 소리와 기운을 가진 사람을 서로 알아봅니다. 특히 친구를 사귈 때 알 수 있습니다. 그래서 그 사람의 친구를 보면 그를 알 수 있다고들 합니다.

공자는 유익한 벗과 무익한 벗을 각각 세 가지 유형으로 가르며 친구를 가려 사귈 것을 권했습니다.

"도움이 되는 세 가지 벗이 있고, 손해가 되는 친구도 세 가지 벗이 있다. 정직한 사람을 벗하고 신실한 사람을 벗하고 견문이 많은 사람을 벗하면 유익하고, 아첨하는 사람을 벗하고 부드러운 척을 잘하는 사람을 벗하고 말 잘하는 사람을 벗하면 해롭다(益者三友익자삼우 損者三友손자삼우, 友直우직 友諒우량 友多聞우다문 益矣익의, 友便辟우편벽 友善柔우선유 友便佞우편녕 損矣손의)."

소나무가 무성하게 자라는 것을 보고 옆에 있는 측백나무가 기뻐한다는 뜻을 지닌 '송무백열(松茂柏悅)'이라는 성어가 있습니다. 벗이 잘되는 것을 즐거워한다는 말입니다. 소나무와 잣나무는 상록교목으로 겨울이 되어도 푸른빛을 잃지 않아 예부터 선비의 꼿꼿한 지조와 절개를 상징합니다.

벗이 잘되는 것을 진심으로 기뻐하는 일, 내 일처럼 아니 내 일보다 더 기뻐하는 친구가 있다면 세상에 부러울 게 없을 것입니다. 친구를 잘 사귀는 것이 바람직한 인간관계의 시작이자 사람됨의 근본 도리입니다. 그런 친구를 찾아다니기에 앞서 내가 그런 친구가 되어 있으면 내 주위엔 나와 닮은 친구가 저절로 오게 되어 있습니다. 올바른 뜻을 가진 사람과 함께하고 싶다면 내가 먼저 올바른 뜻을 품고 최선을 다해서 하루하루 묵묵히 바르게 살아가면 됩니다.

근사하게 원문 읽기

同聲相應 同氣相求
동 성 상 응 동 기 상 구

09

나를 알면 다른 사람도 알게 된다

남을 아는 사람은 지(智)라 하겠고,
자기 자신을 아는 사람은 명(明)이라 한다.
남을 이기는 사람은 힘이 있지만,
자신을 이기는 사람은 강하다.

_《노자(老子)》

• • •

남을 아는 사람은 슬기롭고 자기 자신을 아는 사람은 밝다고 할 수 있습니다. 남을 이기는 사람은 힘이 있는 사람이지만, 자신을 이기는 사람은 더욱 강한 사람입니다.

타인과의 경쟁에서 이기는 사람은 힘이 있는 것이지만, 자신의 감정이나 욕심을 이기는 사람은 힘뿐만 아니라 의지까지 굳센 사람이라고 말할 수 있습니다.

세상에서 제일 이기기 힘든 사람이 바로 자기 자신입니다. 수없이 많은 계획과 목표가 이뤄지지 않는 이유는 자기 자신과의 싸움에서 이기지 못했기 때문일 수 있습니다.

인간관계는 나와 남과의 관계로 이루어져 있습니다. 그래서 사람을 잘 알아야 관계 형성을 잘할 수 있습니다.

그렇다면 사람을 알아가는 것은 어디서부터 시작해야 할까요? 바로 자기 자신부터 아는 것입니다.

자신을 바로 알고 자신을 바르게 보는 사람은 상대 또한 바로 볼 수 있습니다. 자신의 눈이 바르지 않으면 상대도 바르게 보이지 않습니다. 색안경을 끼고 세상을 보면 그 안경알 색으로 세상이 보이게 마련입니다.

공자는, 사람은 나면서부터 아는 사람이 아니기에 배워야 한다고 했습니다.

"나면서부터 아는 사람이 상급이고, 배워서 아는 사람이 그 다음이고, 곤경에 처해서 배우는 사람은 또 그다음이며, 곤경에 처해도 배우지 않으면 사람이 하급이 된다(生而知之者上也생이지지자상야 學而知之者次학이지지자차 困而學之又其次也곤이학지우기차야 困而不學곤이불학 民斯爲下矣민사위하의)."

배워야 나를 알고 더 나아가 남을 압니다. 남을 조금이라도 안다면 타인의 입장을 이해할 수 있습니다.

오늘날, 사람들은 극단적 개인주의가 만연함을 한탄합니다. 아직 자기 자신조차도 잘 모르기 때문에 과도한 개인주의를 주장합니다.

그 어느 때보다도 많이 배운 지식인들이 넘쳐나는 세상입니다.

그런데 안타깝게도 진정한 지성인은 드뭅니다.

모두가 진짜 지성인이 되어야 합니다. 그래서 극단적인 개인주의를 넘어 이타주의로 나아가야 합니다. 이를 위해서는 나 자신을 날마다 돌아보고 성찰하는 일이 반드시 필요합니다.

知人者智 自知者明 勝人者有力 自勝者强
지 인 자 지   자 지 자 명   승 인 자 유 력   자 승 자 강

10

은혜를 잊지 않는 사람이 진정 성공한 사람이다

박하게 베풀면서 후한 것을 바라는 사람에게는 보답이 없다.
귀해진 뒤 천했던 시절을 잊는 사람은 오래가지 못한다.

_《소서(素書)》

• • •

《소서》는 한나라 황석공이 유방을 도와 한나라 개국에 공을 세운 장량에게 전해준 병법서입니다. 목숨을 걸고 싸움하는 병사들에게 마음 수양은 필수였습니다. 박하게 베풀면서 후하게 대접받기를 바라는 사람의 이기적인 마음은 누구나 있습니다. 하지만 이 마음은 옳지 않기 때문에 경계해야 합니다. 얻기를 바란다면 무엇이든 먼저 베풀어야 합니다. 당연하게 얻는 것은 없습니다.

귀해진 뒤에 천했던 시절을 같이 보낸 사람을 모르는 척하고 잊는 사람은 교만한 사람입니다. 어리고 천했던 시절은 처절하게 노력하고 인내했던 때입니다. 그 어려운 시기를 함께 견뎌주고 격려하며 같이한 사람을 잊는다는 건 자신을 부정하는 것과 같습니다. 성공을 누리는 것을 오랫동안 지속하기는 힘듭니다. 성공에서 언젠가는 내려오게 되어 있습니다. 그렇기에 자신의 과거를 인정하고 더 나아가 과거의 자신과 같은 처지에 있는 이들을 보게 되면 존중과 응원으로 힘을 더해주는 사람이 타인들로부터 귀한 대접을 받게 됩니다.

후한 시대에 송홍이라는 사람이 있었습니다. 송홍은 후한의 광무제를 섬겨 높은 벼슬에 올랐습니다. 성격이 온후하고 강직한 인물로, 광무제의 신임을 한 몸에 받고 있었습니다.

광무제에게는 미망인이 된 누이 호양공주가 있었는데, 어느 날 광무제는 누이에게 혹 마음에 둔 신하가 있는지 물었습니다. 호양공주는 송홍이라는 신하를 마음에 두고 있다고 부끄러워하며 고백했습니다. 이에 광무제는 호양공주를 병풍 뒤에 앉혀놓고, 송홍을 불러 이야기를 나눴습니다. 광무제가 송홍에게 물었습니다.

"옛말에 귀해지면 사귐을 바꾸고, 부자가 되면 아내를 바꾼다고 하는데, 이 말에 대해서 어떻게 생각하시오?"

그러자 송홍은 지체 없이 대답했습니다.

"아닙니다. 신은 가난하고 비천한 때에 사귄 벗은 잊으면 안 되고, 지게미와 쌀겨를 먹으며 고생한 아내는 집에서 쫓아내면 안 된다고 들었습니다(貧賤之友빈천지우 不可忘불가망 糟糠之妻조강지처 不下堂불하당)."

병풍 뒤에서 이 말을 들은 호양공주와 광무제는 크게 실망하며 송홍을 그대로 보내줬습니다.

  이 이야기가 '조강지처(糟糠之妻)'의 유래입니다. 복권에 당첨되면 제일 먼저 바꾸는 것이 배우자라는 말이 있습니다. 참으로 몹쓸 말이 아닐 수 없습니다. 어려운 때를 함께한 배우자를 그깟 돈 때문에 버리는 그 마음들이 참으로 안타깝습니다. 귀해진 뒤 천했던 시절의 사람들을 잊는 사람은 결코 오래가지 못하며 하늘이 가만두지 않습니다.

博施厚望者 不報 貴而忘賤者 不久
박 시 후 망 자 불 보 귀 이 망 천 자 불 구

11

부드럽고 약한 것이 결국 이긴다

살아 있는 사람의 몸은 부드럽고 연약하지만, 죽은 사람의 몸은 굳고 단단하다.
살아 있는 만물과 초목은 부드럽고 연약하지만, 죽은 모든 것은 말라 딱딱하다.
그러므로 굳고 강한 것은 죽은 것이고 부드럽고 연약한 것은 산 것이다.
군대가 강하면 승리하지 못하고, 나뭇가지가 강하면 부러지고 만다.
굳고 강한 것은 아래에 있고, 부드럽고 약한 것은 위에 있다.

《도덕경(道德經)》

• • •

드라마, 영화, 애니메이션 주인공들은 처음에는 나약해 보입니다. 그러나 진짜의 본모습이 드러나면 그 누구보다 강인한 영웅의 모습으로 변합니다. 이런 모습은 관객들에게 큰 감동과 희열을 줍니다. 주인공들이 겉으로 부드럽고 순하게 보이나 속은 곧고 굳센 모습을 보여주는 대표적인 '외유내강(外柔內剛)'의 모습입니다.

겉보기에 강해 보인다고 진정으로 강한 것은 아닙니다. 부드럽고 약하게 보이는 것에 강함이 있습니다. 보통 남자보다는 여자가 약하며, 어른보다는 아이가 약합니다. 남자는 여자의 눈물에 무너지고, 어른은 아이들의 웃음에 모든 것을 허용하게 됩니다.

거대한 폭풍과 비바람에 나무가 꺾입니다. 하지만 부드러운 갈대는 흔들릴 뿐 꺾이지 않습니다. 단단하고 강한 이(齒치)는 깨지지만, 부드러운 혀는 훨씬 더 오래 남는다(齒亡舌存치망설존)고 했습니다. 약한 것을 보이고 적의 허술한 틈을 타 능히 강한 것을 제압할 수 있습니다. 약함은 사람들의 도움을 받고, 강함은 사람들의 공격을 받습니다(柔能制剛유능제강).

인간관계도 이와 다르지 않습니다. 사람들과의 관계에서 독불장군처럼 혼자 행동하면 화합과 발전이 되지 않습니다. 사람들의 관계 속에 합류하지 못하면 도태됩니다.

세상에서 가장 부드러운 것은 물입니다. 물은 최고의 선(善)입니다. 물의 선함은 만물을 이롭게 하면서도 다투지 않고 모두가 싫어하는 낮은 곳에 머뭅니다. 물을 세상의 근원이며 중심이 됩니다. 이렇듯 부드럽고 약한 것이 강한 것을 이기며 높은 곳에 있습니다. 인간관계의 핵심은 바로 이것입니다. 겸손한 사람이 진짜 강한 자입니다. 그런 인물이 존경받습니다.

근사하게 원문 읽기

人之生也柔弱 其死也堅强 萬物草木之生也柔脆 其死也枯槁
인 지 생 야 유 약 기 사 야 견 강 만 물 초 목 지 생 야 유 취 기 사 야 고 고

故堅强者死之徒 柔弱者生之徒 是以兵强則不勝 木强則共
고 견 강 자 사 지 도 유 약 자 생 지 도 시 이 병 강 즉 불 승 목 강 즉 공

强大處下 柔弱處上
강 대 처 하 유 약 처 상

12

혼자서 울리는 종은 없다

도는 깊은 못처럼 고요히 머물러 있으며 맑은 물처럼 깨끗하다.
쇠붙이나 돌이 그것을 얻지 못하면 소리를 낼 수 없다.
그 때문에 쇠붙이나 돌에 소리를 낼 수 있는 자질이 있지만,
도에 맞추어 두드리지 않으면 소리가 울리지 않을 것이니,
만물 중에서 누가 그것을 일정하게 규정할 수 있겠는가.

_《장자(莊子)》_

• • •

훌륭한 종이라 하여도 두드려보지 않으면 종소리를 낼 수 없습니다. 또 정교하고 아름다운 종이라 해도 누군가가 두드려주지 않으면 소리를 낼 수 없습니다.

사람이 능력을 갖춘 훌륭한 인재라 하여도 적재적소에 맞게 능력을 발휘하지 못한다면 훌륭한 인재인지 알 수 없습니다. 아무리 뛰어난 인재도 혼자서는 아무것도 할 수 없습니다. 훌륭한 종이 아름다운 소리를 내려면 종을 울려주는 사람이 필요하듯이 사람도 나의 능력을 알아봐주는 사람이 필요합니다.

병아리가 알에서 부화하려면 안쪽에서 부리로 알을 쪼아야 합니다. 어미 닭은 그 모습을 보고 밖에서 같이 쪼아줍니다. 그렇게

하면 알이 갈라지면서 병아리가 쉽게 세상 밖으로 나올 수 있습니다.

그런데 만약 어미 닭이 기다리지 못하고 성급하게 알을 쪼아댄다면 병아리가 목숨을 잃을 수도 있습니다. 반대로 병아리가 나오려고 안에서 열심히 알을 쪼아대는데 어미 닭이 가만히 보고만 있어도 병아리는 안에서 숨이 막혀 죽습니다.

여기서 유래한 고사성어가 '줄탁동시(啐啄同時)'입니다. 내부의 힘과 외부의 힘이 조화가 이뤄져야 일이 완성될 수 있다는 교훈을 줍니다.

사람의 능력을 알아봐주고 적재적소에 배치해주는 것도 내부 힘과 외부 힘의 창조적 결합의 일입니다. 세상일을 혼자서 다 해낼 수 없습니다. 협업이 필수입니다. 가정, 학교, 사회, 국가 모두 알아서 움직이는 구성원이란 없습니다.

안과 밖의 힘의 조화가 적절하게 이뤄졌을 때 가능합니다. 세상은 혼자 살 때보다 함께 살아갈 때 더 아름답습니다.

근사하게 원문 읽기

夫道淵乎其居也 漻乎其淸也 金石不得無以鳴
부 도 연 호 기 거 야   요 호 기 청 야   금 석 부 득 무 이 명

故金石有聲不考不鳴 萬物孰能定之
고 금 석 유 성 불 고 불 명   만 물 숙 능 정 지

13

남에게 너그럽고, 나에게 엄격하라

남을 질책하는 마음으로 자신을 질책하면 허물을 적게 해주고,
자신을 용서하는 마음으로 남을 용서하면 사귐을 온전하게 해준다.
_《명심보감》

* * *

자신을 볼 때는 볼록렌즈로, 남을 볼 때는 오목렌즈로 봐야 합니다. 그런데 사람들은 반대로 봅니다. 자신에겐 한없이 관대하며 남에게 야박할 정도로 엄격합니다.

나를 용서하는 마음으로 남의 잘못을 용서하고, 남을 꾸짖는 엄격한 마음으로 나를 꾸짖어야 합니다. 어리석은 사람이라도 남을 꾸짖는 마음은 명확합니다. 반대로 총명한 사람이라도 자신을 용서하는 데는 어둡고 혼미합니다. 그렇기 때문에 우리는 남을 꾸짖는 그 명확한 마음으로 나를 꾸짖고 나를 용서하는 관대한 마음으로 남을 용서해야 합니다.

내가 하면 괜찮고 남이 하면 안 된다는 생각을 많이 합니다. 흔

히 불륜을 말할 때 '내가 하면 로맨스 남이 하면 불륜'이라고 표현하는 것도 모두 잘못된 사고방식입니다. 자신에겐 더 엄격해야 하며 남에겐 관대해야 인간관계가 순조롭게 흘러갑니다.

《채근담》은 말합니다.

'남의 조그만 허물을 꾸짖지 말고, 남의 사사로운 비밀을 들추어내지 말며, 지난날 남이 저지른 잘못을 마음에 두지 말라. 이 세 가지를 실천하면 덕(德)을 기를 수 있고 또 해(害)를 멀리할 수 있다.'

남의 작은 과실을 책망하며 자주 들춰내지 말아야 합니다. 누구나 숨기고 싶은 일이 있습니다. 숨기고 싶어 하는 것을 모르는 척해주는 눈치가 있어야 합니다. 옛 상처는 깨끗하게 잊어주는 것도 상대를 배려해주는 일입니다.

이 세 가지를 해주지 않는다면 관계가 악화되어 해를 입게 됩니다. 하지만 이 세 가지를 실천한다면 자신의 인격을 높일 수 있으며 덕을 쌓는 일이 됩니다. 남에게 너그럽고 나에게 엄격한 사람이 군자입니다.

근사하게 원문 읽기

以責人之心責己 則寡過 以恕己之心恕人 則全交
이 책 인 지 심 책 기 즉 과 과 이 서 기 지 심 서 인 즉 전 교

14

충고해주는 사람에게 감사하라

맹자께서 말씀하셨다.
"공자의 제자 자로는 사람들이 그에게 잘못이 있다고 말해주면 기뻐했다.
우왕은 선한 말씀을 들으면 절하셨다.
위대하신 순임금은 이보다도 더 위대함이 있었으니,
남과 함께 선을 행하셔서
자신을 버리고 남을 따르시며 남에게서 취하여
선을 행하기를 좋아하셨다.
밭 갈고, 곡식을 심으며, 질그릇 굽고,
고기 잡을 때부터 황제가 되기에 이르기까지
남에게서 취한 것 아님이 없으셨다.
남에게서 취하여 선을 행하는 것은,
이것은 남이 선을 행하도록 도와주는 것이다.
그러므로 군자는, 남이 선을 행하도록
도와주는 것보다 더 훌륭한 일은 없다."

《맹자(孟子)》

• • •

충고를 듣는 것은 쉬운 일이 아닙니다. 하지만 내가 미처 인지
하지 못한 나의 잘못을 짚어주거나 귀띔해주는 누군가가 내 옆에
있다면 그 사람이 진정한 나의 은인일 수 있습니다. 남의 충고를

듣는 것은 결코 유쾌한 일이 아니지만, 나의 언행의 잘못된 점을 고칠 기회이니 받아들여야 합니다.

공자 제자 자로는 자신의 잘못을 남이 지적하면 화를 내기보다는 기뻐하며 고마움을 표했습니다. 우임금은 누군가 자신에게 좋은 말로 충고해주면 그에게 절을 하며 감사함을 표현했다고 합니다. 충고해준 사람에게 절을 하면서까지 감사함을 표하는 우임금이야말로 진정한 군자이며 위대한 성인입니다.

남의 충고와 조언에 귀를 기울일 줄 아는 이는 지혜로운 사람입니다. 현대인들의 모습과 옛 성현들의 모습이 대조됩니다. 진심을 담아 전하는 짧은 충고도 견디지 못하고 분노하고 폭발하는 요즘 현대인들이 귀담아들어야 하는 맹자의 글귀입니다.

《공자가어(孔子家語)》는 말합니다.

'좋은 약은 입에 쓰지만 병에 이롭고, 충언은 귀에 거슬리지만 행실에 이롭다(良藥苦於口而利於病양약고어구이이어병 忠言逆於耳而利於行충언역어이이이어행).'

은나라 탕왕은 간언하는 충성스런 신하가 있었기 때문에 번창했고, 폭군으로 알려진 하나라 걸왕과 은나라 주왕은 아첨하는 신하들만 곁에 있었기 때문에 멸망했습니다.

임금이 잘못하면 신하가, 아버지가 잘못하면 아들이, 형이 잘못하면 동생이, 자신이 잘못하면 친구가 곁에서 간언과 조언을 해줘야 합니다.

이렇게만 된다면 나라가 위태롭지 않고 멸망하는 일도 없을 것입니다. 집안에 덕을 거스르는 악행이 없을 것이며, 친구 사이의 사귐도 좋을 것입니다.

나에게 좋은 말로 충고해주는 사람이 주위에 있다면 감사해야 합니다. 기꺼이 충언을 듣고 고치는 데 거리낌이 없어야 합니다.

우임금처럼 충고해준 사람에게 절은 못하더라도 진심으로 감사해야 합니다. 좋은 충고를 해준다는 것은 사랑의 또 다른 표현입니다. 애정과 관심이 없다면 충고해주지 않습니다. 애정과 관심의 반대는 무관심입니다. 주위에 충고해주는 사람이 있다는 것은 정말 행복한 일입니다.

근사하게 원문읽기

孟子曰 子路 人告之以有過則喜 禹聞善言則拜
맹 자 왈   자 로   인 고 지 이 유 과 즉 희   우 문 희 언 즉 배

大舜有大焉 善與人同 舍己從人 樂取於人以爲善 自耕 稼 陶 漁
대 순 유 대 언   선 여 인 동   사 기 종 인   낙 취 어 인 이 위 선   자 경   가   도   어

以至爲帝 無非取於人者 取諸人以爲善 是與人爲善者也
이 지 위 제   무 비 취 어 인 자   취 제 인 이 위 선   시 여 인 위 선 자 야

故君子 莫大乎與人爲善
고 군 자   막 대 호 여 인 위 선

15

인생에서 경계해야 할 세 가지

공자께서 말씀하셨다.
"군자는 세 가지 경계해야 할 것이 있다.
어렸을 때는 혈기가 안정되지 않았기에 색(정욕)을 경계하고,
나이 먹어서는 혈기가 막 강해져서 싸움과 경쟁을 경계하고,
늙으면 혈기가 이미 쇠퇴하여 욕심을 경계해야 한다."

_《논어》

• • •

《논어》에서 공자가 말한 '인생 시기별로 조심하고 경계해야 할 세 가지 계율'은 다음과 같습니다.

첫째, 젊은 시절에는 혈기를 다스리기 어려우니 과히 색(욕정)에 탐닉하는 것을 경계해야 합니다. 이 시기는 감정이 격하고 충동적이기 쉬운 만큼, 자칫 쾌락을 좇다가 인생의 중요한 초석을 망칠 수도 있습니다. 성적으로 문란한 삶을 살면 큰 화를 입을 수도 있습니다. 특히 젊을수록 순간적인 유혹을 냉철하게 다스리는 자제력이 중요합니다.

둘째, 나이 들어 어른이 되면 젊은 혈기로 달려드는 과도한 경쟁과 싸움을 경계해야 합니다. 사회에 진입하면서 자리를 잡으려

는 욕심, 남보다 앞서려는 마음이 커지기 때문에 불필요한 다툼과 갈등이 생기기 쉽습니다. 남보다 더 잘해내겠다는 일념으로 하는 과도한 경쟁과 싸움은 자신의 삶을 더 어렵게 만들뿐더러 심지어 인생 목표 달성에 큰 걸림돌이 될 수 있습니다. 이 시기에는 타인과의 비교보다는 자기 성찰과 꾸준함을 중시해야 합니다.

셋째, 늙으면 혈기가 쇠하게 됩니다. 그러나 탐욕은 더 많아지게 되는 때가 바로 노년 시기입니다. 노년엔 무엇보다 욕심을 경계해야 합니다. 늙으면 자신감이 떨어지다 보니 자신이 지금까지 이뤄놓은 것을 놓지 않으려고 합니다. 그러한 욕심에 사로잡히다 보면 어느 순간 모든 것에 집착하게 됩니다. 과도한 집착은 마음의 평온을 해치고, 결국 스스로를 외롭게 만들 수 있습니다. 그런 만큼 노년기에는 내려놓음의 지혜가 정말 중요합니다.

젊은 시절도, 노년 시절도 욕심이 과한 것은 반드시 좋지 않은 결과를 초래하게 되어 있습니다.

기쁨도 느끼고 슬픔도 느끼면서 사는 것이 인생입니다. 인간은 때로는 기쁨에 세상을 다 얻은 듯 행복하다가도 때로는 세상에 혼자 버려진 듯 슬픔으로 고통스럽기도 합니다.

젊은 시절이라고 행복하고 노년 시절이라고 슬프기만 하지는 않습니다. 다만 삶은 기쁨과 슬픔이 연속이니 기뻐하되 너무 지나치게 음란하지 말아야 하며, 슬퍼하되 너무 지나쳐 내 마음과 몸에 상처가 나서는 안 됩니다.

세상에 어찌 기쁨만 있고, 또 슬픔만 있겠습니까? 살아가면서 현재 상황에 맞게 즐기고 기뻐하면 됩니다. 슬픈 일이 닥쳐오면 슬퍼하면 그만입니다.

젊어서는 젊은이답게, 장년이 되어서는 장년답게, 노년이 되면 노년답게 그 자리에서 최선을 다해 살아내야 합니다. 이것이 모두가 원하는 참된 삶입니다.

공자가 말한 호색(好色), 명예, 욕심을 인생에서 늘 경계하며 살아가면 됩니다.

孔子曰 君子有三戒 少之時 血氣未定 戒之在色
공자왈 군자유삼계 소지시 혈기미정 계지재색

及其壯也 血氣方剛 戒之在鬪 及其老也 血氣旣衰 戒之在得
급기장야 혈기방강 계지재투 급기노야 혈기기쇠 계지재득

16

하늘을 원망하거나 남 탓을 하지 말라

나를 먼저 바르게 하고 남에게 책임을 구하지 말라.

그러면 누구에게도 원망을 사지 않을 것이다.

위로는 하늘을 원망하지 말고, 아래로는 남을 허물하지 말라.

그러므로 군자는 평범하게 처신하여 천명을 기다린다.

그러나 소인은 위험한 행동을 하며 요행을 바란다.

_《중용(中庸)》_

●●●

'일이 잘 안되면 조상 탓이고, 잘되면 내 탓'이라는 옛말이 있습니다. 일에 대한 책임이 모두 나에게 있는 것이 아니라 남에게 있다고 전가하는 말입니다. 인생을 살다가 어렵고 힘든 상황을 맞닥뜨리면 남 탓하며 실망하기보다는 '하늘을 원망하지 말고, 남을 허물하지 말라'는 이 말을 마음속으로 생각해봐야 합니다.

남을 탓하거나 원망한다고 해서 운명이 원하는 대로 바뀌지 않습니다. 우리가 마주한 운명에 최선을 다하며 묵묵히 견뎌낼 때 그 운명을 다스릴 수 있습니다.

영국의 유명한 비평가이자 역사가인 토머스 칼라일은 '걸림돌과 디딤돌'에 대해 이렇게 말했습니다.

"길을 가다가 돌이 나타나면 약자는 그것을 걸림돌이라 하고, 강자는 그것을 디딤돌이라고 말한다."

한평생 살아가면서 우리는 하루에도 몇 번씩 수많은 삶의 돌을 만납니다. 그때마다 그 돌을 대하는 마음가짐에 따라 결과가 달라집니다. 삶의 모든 장애를 불평과 원망의 눈으로 보는 관점과 새로운 일의 발판으로 삼아 재기할뿐더러 한층 더 나아지는 도약의 기회로 보는 관점이 있습니다.

삶을 견뎌내는 마음 자세에 따라 세상이 달라 보입니다. 길가에 있는 돌을 걸림돌로 볼지, 디딤돌로 볼지는 자신의 마음가짐이 결정합니다. 조상 탓, 부모 탓, 남 탓만 하지 말고 성숙한 사람의 주체적 마음 자세로 삶을 대할 때 인간관계를 비롯하여 모든 일이 잘돼갑니다.

하늘은 스스로 돕는 자를 돕습니다. 남을 탓하거나 원망한다고 해서 내 운명이 달라지는 일은 없습니다.

근사하게 원문 읽기

正己而不求於人 則無怨 上不怨天 下不尤人
정 기 이 불 구 어 인 즉 무 원 상 불 원 천 하 불 우 인

故君子居易以俟命 小人行險以徼幸
고 군 자 거 이 이 사 명 소 인 행 험 이 요 행

17

자기 자신이 재앙과 복을 불러온다

지금 나라가 한가하고, 이때에 이르러 즐기고 게으르게 논다면
이것은 스스로 화를 구하는 것이다.
재앙과 복은 모두 자기 자신이 불러들인 것이다.

_《맹자》

...

맹자는 말합니다.

"하늘이 내린 재앙은 오히려 이겨낼 수 있지만, 자기 스스로 불
러들인 재앙은 피할 수 없다."

이는 달리 말하면, 현재의 자기 모습은 그동안 살아온 인생의
결과입니다. 우연히 혹은 외부 환경만으로 지금의 내가 만들어진
것이 아니라, 내가 어떤 선택을 해왔는지가 결국 나 자신을 형성
해왔다는 뜻입니다.

자신이 불러들인 재앙은 우리가 겪는 보편적 재앙이 아닌 스스
로 불러들인 재앙이라는 것입니다. 이 재앙을 이겨내려면 자신이
바뀌어야 합니다. 재앙을 걱정하지 말고 재앙을 극복할 방법을

찾아내고 노력해야 합니다.

《좌전(左傳)》에도 비슷한 글이 있습니다.

'화(禍)와 복(福)은 들어오는 문이 따로 없다. 내가 불러들일 뿐이다(禍福無門화복무문 唯人所招유인소초).'

행복과 불행은 특별한 문이 있어서 그리로 들어오는 것이 아닙니다. 오직 스스로가 불러들이는 것입니다. 그러므로 행복해지기를 원한다면 스스로 부단히 노력하지 않으면 안 됩니다.

예를 들어 불행한 일이 생기더라도 그 원인은 자신한테 있는 것으로 생각하고 남 탓을 하거나 남을 원망하면 안 됩니다.

흔히 불행에 처하면 자기 탓보다는 남 탓을 하고 싶은 게 인지상정일 것입니다. 그러나 이런 태도를 유지해서는 불행을 이겨낼 수 없습니다.

행복도 노력으로 얻을 수 있습니다. 불행에서 벗어나려는 피나는 노력을 하다 보면 행복해질 수 있습니다.

'지자(智者)는 화를 바꾸어 복으로 만들고, 실패를 발판 삼아 공(功)을 만든다.'

지혜로운 사람은 어떤 상황에서든 불행을 딛고 행복을 이뤄냅니다.

인간관계가 잘 풀리지 않는다면 곰곰이 자신을 되돌아보아야 합니다. 상대방 때문이 아니라 본인 자신 때문일 수 있습니다.

지금 불행하다면 자신의 과거 행적들을 반추해봐야 합니다. 혹 재수 없는 일들만 하고 살지는 않았는지 말입니다.

지금부터라도 '나'를 바꾸면 됩니다. 웃는 얼굴을 하고 어깨를 펴고 자신감 있는 모습으로 살아가다 보면 반드시 복이 들어옵니다.

근사하게 원문 읽기

今國家閒暇 及是時般樂怠傲 是自求禍也 禍福無不自己求之者
금 국 가 한 가 급 시 시 반 락 태 오 시 자 구 화 야 화 복 무 불 자 기 구 지 자

18

훌륭한 사람을 볼 줄 아는 눈을 키워라

지금 여기에 천리마가 있다 해도 말을 잘 보는 훌륭한 사람을 만나지 못하면
오히려 (하루에 천리를 달리는 천리마로 보지 못하여) 얻지 못할 것이다.
말을 잘 보는 **훌륭한 사람**이 천리마와 서로 만난 연후에야
(천리마를) 이룰 수 있으니, 비유한다면 북을 치는 채와 북이
서로 어울리는 것과 같다.

《여씨춘추(呂氏春秋)》

...

눈앞에 천리마가 있어도 좋은 감정사가 없으면 없는 것과 마찬
가지입니다. 아무리 뛰어난 말이라 해도, 그것을 알아보고 길들
일 줄 아는 사람이 없다면 그 재능은 빛을 보지 못합니다. 천리마
는 자신을 알아주는 사람을 만나기 전에는 거칠고 난폭합니다.
제 능력을 제대로 발휘하지 못한 채 떠돌기만 합니다. 길들지 않
은 천리마는 그저 야생마일 뿐입니다.

하지만 천리마를 알아보는 사람을 만나면, 북을 치는 채와 북
이 서로 어울리듯이 조화를 이루며 잠재력을 활짝 펼치게 됩니
다. 그 만남은 천리마가 천리마답게 달릴 수 있도록 돕는 결정적
인 계기가 됩니다.

사람도 마찬가지입니다. 능력 있는 인재라 할지라도 그의 진가를 알아봐주는 사람이 없으면, 아무리 뛰어난 재능을 지녔다 해도 제자리를 찾기 어렵습니다. 훌륭한 인재를 알아보는 안목을 키워야 합니다. 그렇지 않으면 눈앞에 있는 소중한 인재를 놓치게 되고, 그로 인해 더 큰 기회를 잃게 될지도 모릅니다.

지금은 명실상부 글로벌 스타로 등극한 아이유 또한 지난날 가수가 되고자 많은 엔터테인먼트 회사에 오디션을 보러 다녔습니다. 그중에는 가수 박진영이 대표로 있는 JYP엔터테인먼트도 있었습니다. 그녀는 JYP엔터테인먼트 오디션에 최종 불합격했습니다. 훗날 아이유를 인재로 알아보지 못한 JYP엔터테인먼트는 크게 후회했다고 합니다.

리더들은 쓸 만한 인재가 없다고 한탄하기 전에, 먼저 자신이 그런 인재를 알아보는 안목이 부족한 것은 아닌지 스스로 돌아봐야 합니다. 인재는 원래부터 완성된 존재로 나타나지 않습니다. 잠재력을 가진 사람을 발굴하고 기회를 줌으로써 성장하게 되는 경우가 많습니다. 그런 만큼 그런 사람을 어떻게 알아보고, 어떻게 좋은 인재로 교육 및 훈련시키고, 어떻게 자기 기량을 마음껏 펼칠 수 있게 도울지 고민해야 합니다. 조직의 리더라면 단순히 결과만을 요구하는 것이 아니라, 그 과정을 설계해줄 책임도 함께 가져야 합니다.

한편, 나를 알아봐주는 사람을 그저 맹목적으로 기다려서는 안 됩니다. 오늘날은 스스로 자기를 홍보하는 시대입니다. 실력을 갖추는 것은 기본이고, 그것을 적절하게 드러내고 알리는 능력 또한 중요합니다. 끊임없이 배우고 더 나은 나 자신으로 갈고닦으면서 나를 진정으로 알아봐줄 사람을 적극적으로 찾아야 합니다.

준비된 자와 준비된 자를 찾는 사람은 마주쳤을 때 첫눈에 서로를 알아볼 것입니다. 결국 준비된 자만이 성공합니다.

관계 맺기는 본인의 선택입니다. 누구를 곁에 두고 누구와 함께할지 결정하는 것도 실력입니다. 좋은 사람을 알아보는 안목부터 먼저 길러야 합니다.

근사하게 원문 읽기

今有千里之馬於此 非得良工 猶若不取
금 유 천 리 지 마 어 차 　 비 득 양 공 　 유 약 불 취

良工之與馬也 相得則然後成 譬之若枹與鼓
양 공 지 여 마 야 　 상 득 즉 연 후 성 　 비 지 약 부 여 고

19

자주 보아야 사람의 마음을 얻을 수 있다

산속에 난 좁은 길도 계속 다니면 금방 길이 만들어지지만
다니지 않으면 풀이 자라 길을 막는다.

_《맹자》

• • •

위는 기원전 372년에 태어나 도덕정치, 왕도(王道)정치를 주장
했던 맹자의 글입니다.

맹자는 인간의 삶이란 '최선을 다해 살고 의로운 죽음을 기다
리는 것'이라고 말합니다. 하늘이 앞으로 어떤 사람에게 커다란
책임을 지우려 할 때는 반드시 먼저 그 마음을 괴롭게 하고 그 몸
을 고단하게 한다고 보았습니다. 그렇기에 고난이 닥쳐와도 크게
실망하거나 좌절하지 않아도 됩니다. 더 큰 일을 이루기 위한 과
정일 뿐이니까요.

맹자는 또한 '노력'을 강조합니다. 아무리 귀한 옥이라 할지라
도 갈고닦지 않으면 귀한 옥이 될 수 없습니다. 실제로 맹자는 항

상 도를 닦는 것에 매진했고 제자들에게도 끊임없이 덕을 수양하라고 가르쳤습니다.

학문이나 덕을 닦는 것은 마치 길과 같아서 꾸준히 노력해야 이룰 수 있습니다. 조금이라도 게을리하거나 방심하면 풀이 무성하게 자라서 길을 찾을 수도 없고 길이 막혀서 지나다닐 수 없게 됩니다.

사람과의 관계도 학문을 연마하는 것과 마찬가지입니다. 자주 만나서 교류하고 친목을 도모해야 점점 가까워집니다. 아무리 친한 사이라도 만나지 않으면 멀어지게 마련입니다. 세상에서 제일 가깝다고 느끼는 부부도 몇 주, 몇 달을 만나지 않으면 남보다 더 낯설게 느껴지기도 합니다.

흔히들 말합니다.

"눈에서 멀어지면 마음도 멀어진다."

정말 맞는 말입니다. 사람들과 교류하고 교제한다는 것은 그들이 좋아하는 것, 싫어하는 것까지도 관심을 주고 눈 맞춤을 하며 대화하는 것입니다. 자주 만나서 좋은 교제를 하면 닫혔던 마음의 문이 활짝 열리게 됩니다. 그와 반대로 열렸던 마음은 무관심해지면 한순간 마음의 문이 닫혀버립니다.

상대의 마음을 얻고 싶다면 자주 보아야 합니다. 가족도 자주 봐야 가족입니다. 친구도 자주 만나는 친구가 진짜 친구입니다.

랄프 왈도 에머슨의 《스스로 행복한 사람》에는 '그 사람을 아는 법'이 있습니다.

'그가 읽는 책과 그가 사귀는 친구, 그가 칭찬하는 대상, 그의 옷차림과 취미, 그의 말과 걸음걸이, 눈의 움직임을 보면 그 사람을 알 수 있다.'

인생은 정말 짧습니다. 좋은 사람을 놓치지 마세요. 자주 보고 자주 만나세요. 이것이 행복하게 사는 비결입니다.

근사하게 원문 읽기

山徑之蹊間 介然用之而成路 爲間不用 則茅塞之矣
산 경 지 혜 간 개 연 용 지 이 성 로 위 간 불 용 즉 모 새 지 의

모든 문제의 원인은 자기 자신에게 있다

군자는 자기 자신에게서 잘못을 찾고
소인은 남에게서 잘못을 찾는다.

_《논어》

• • •

일이 잘못되었다면, 반드시 원인을 찾아서 고쳐야 합니다. 그런데 그 원인을 자신이 아닌 다른 곳에서 찾으려 한다면 문제 해결은 물 건너갑니다. 자기 잘못이라고 인정하면 자존심이 상한다고 생각하는지, 자기 탓으로 인정하는 데 인색하기 십상입니다.

옛날 서시라는 미녀가 있었습니다. 한 시골 나무꾼의 딸이었는데 월나라 왕 구천에게 발탁되어 미인계 훈련을 받아 훗날 오나라 왕 부차에게 보내집니다.

서시는 선천적인 가슴 통증을 앓았습니다. 그래서 갑자기 통증이 오면 길을 가다가도 가슴을 움켜쥐고 이맛살을 찌푸렸습니다.

한편, 이 광경을 목격한 동시라는 여인이 있었습니다. 그녀는 마을에서 제일 못생긴 추녀였습니다. 그녀는 예뻐지고 싶은 마음에, 서시가 가슴앓이로 인해 가슴을 움켜쥐고 이마를 찌푸리는 모습을 미인의 행동으로 착각하고 그대로 따라 하기 시작했습니다.

날이 갈수록 그런 동시의 행동을 본 마을 사람들이 모두 고개를 절레절레 저으며 가까이하기를 꺼렸고, 결국 그녀는 이사까지 가야 했습니다.

이 이야기는 《장자》에 나오는 것으로, 고사성어 '동시효빈(東施效嚬)' 또는 '효빈(效嚬)'의 유래입니다. '효빈'이란 타인의 어떤 행동에 숨겨진 이유를 제대로 파악하지 못한 채 무작정 따라 하는 맹목적인 행동을 나무랄 때 사용하는 말입니다.

요즘 잘못된 사회현상 중 하나로, 자기의 주관이나 속도를 잊고 남을 무작정 따라 하다가 잘못되는 경우들이 있습니다. 자신이 잘못 판단하여 일어난 현상인데, 남 탓, 사회 탓, 국가 탓을 합니다. 모든 문제의 원인은 자기 자신에게 있는데 말입니다.

《명심보감》은 말합니다.

'자기 집 두레박줄이 짧은 것을 한탄하지 않고 남의 집 우물의 깊은 것을 탓한다.'

일이 잘못되었다면 제일 먼저 자신의 문제와 단점을 정확하게 보고 고쳐나가야 인간관계가 바르게 유지됩니다. 계속 남 탓을 하고 세상 탓을 한다면 절대로 바른 관계 유지를 할 수 없습니다.

공자는 말합니다.

"군자는 문제의 원인을 자기 자신에게서 찾고, 소인은 문제의
원인을 남에게서 찾는다."

명심하세요. 모든 문제의 근원은 자기 자신에게서 찾아야 합
니다.

君子求諸己 小人求諸人
군 자 구 저 기 소 인 구 저 인

권학문(勸學文)

오늘 배우지 않고 내일 있다 말하지 말고,

금년에 배우지 않고 내년이 있다 말하지 말라.

세월이 흘러가는구나, 시간은 나를 기다려주지 아니하네.

아 늙었구나, 이는 누구의 잘못인가.

_주희(朱熹)

배움의 지혜 터득하기

01

배움의 기쁨을 누려라

배우고 때때로 그것을 익히면 또한 기쁘지 아니한가?
벗이 먼 곳에서 찾아오면 또한 즐겁지 아니한가?
남이 나를 알아주지 않아도 노여워하지 않는다면 또한 군자가 아니겠는가?
_《논어》

• • •

위의 글은《논어》〈학이편(學而篇)〉의 첫 구절입니다.

공자는 춘추 시대의 대표적 유학자로, 주나라의 예(禮)와 악(樂)
을 체계적으로 정리하여 유학의 기초 경전을 정립한 성현입니다.
혼란스러운 시대 속에서 도덕과 질서를 회복하고자 했던 그의 사
상은 훗날 동아시아 전반에 큰 영향을 미쳤습니다.

공자는 일생 동안 교육에 힘써 약 3,000명의 제자를 육성했는
데, 그중에서도 특히 뛰어난 인물 열 명을 가리켜 '공문십철(孔門十
哲)'이라 불렀습니다. 이들은 공자의 가르침을 이어받아 유학의
전통을 더욱 넓혀 나아갔습니다.

《논어》는 특별한 순서 없이 공자의 제자들이 스승의 말들을 기

록한 책입니다.

사람은 배움을 통해서 거듭난다고 했습니다. 끊임없는 배움을 통해 자신을 새롭게 해야 합니다. 배운 것을 실천하여 삶의 변화가 일어날 때 진정한 배움을 이루었다고 말할 수 있습니다. 배움에는 기쁨이 따라옵니다. 공자는 그 기쁨을 아는 인물입니다.

"배우고 때때로 배운 것을 익히면 기쁘지 않느냐?"

공자는 이렇게 묻고는 그 배운 것을 혼자만 즐기지 말고 친구와 나누는 기쁨을 누리라고 이어서 말합니다.

무엇이든 혼자 할 때보다 함께할 때 더 즐겁고 행복합니다. 배움 또한 그렇습니다. 마음이 맞는 사람들과 소통하고 공감하며 즐기면 그만입니다. 다른 사람들이 나를 알아주지 않아도 괜찮습니다. 알아주면 좋지만 그렇지 않아도 즐거움과 기쁨을 누릴 수 있습니다.

공자는 자신의 큰 뜻을 알아주지 못하는 춘추전국 시대의 제후들에게 서운한 마음이 있었으나 크게 흔들리지 않았던 그의 태도를 엿볼 수 있습니다. 배움 그 자체로 충분히 기쁘고 행복한 삶을 살 수 있다고 공자는 말합니다.

공자가 성인군자여서 가능했을까요? 그럴지도 모르지만 배움에서 기쁨을 느껴본 사람은 알 수 있습니다. 배움 그 자체로도 기쁨과 즐거움 그리고 행복을 느낄 수 있습니다.

배움은 나를 지키는 방패이고 나를 성장시키는 영양제입니다. 자신에게 주는 사랑입니다. 끊임없이 새로운 것을 배우고 성장할 때 더 나은 삶을 살 수 있습니다. 성장하는 데 영양 공급이 안 되면 바로 죽습니다. 배움을 멈추는 순간 퇴보입니다.

《논어》의 첫 구절이 '배움'으로 시작하는 것은 매우 의미가 있습니다. 배우고, 사람들과 소통하고, 기뻐하는 삶을 살아야 합니다.

學而時習之 不亦說乎 有朋自遠方來 不亦樂乎 人不知而不慍 不亦君子乎
학 이 시 습 지 불 역 열 호 유 붕 자 원 방 래 불 역 락 호 인 부 지 이 불 온 불 역 군 자 호

02

습관의 차이가 인생의 차이다

공자께서 말씀하셨다.
타고난 본성은 모두 비슷하지만
습관이 차이를 만든다.
_《논어》

• • •

"우리가 반복하는 행동이 곧 우리 자신이며, 탁월함이란 곧 습관이다."

이는 고대 그리스의 철학자 아리스토텔레스가 한 말입니다. 그는 탁월한 사람이라서 올바르게 행동하는 것이 아니라 올바르게 행동하기 때문에 탁월한 사람이 되는 것이라고 했습니다.

사람이 하늘로부터 부여받은 본성은 모두 거의 비슷합니다. 다만 살아가면서 어떤 습관을 지니고 사느냐에 따라 탁월한 사람이 되기도 하고 실패자가 되기도 합니다.

사람들은 자신의 부족함을 못난 본성 탓, 환경 탓, 조상 탓으로 돌립니다. 심지어 자신은 잘못이 없는데 하늘이 도와주지 않아서 실패했다고도 말합니다. 이런 사람들에게 공자의 글귀는 큰 깨달음을 줍니다.

세계적인 동기부여 학자들과 철학자들도 공자의 생각과 맥을 같이합니다. 미국의 성공학 작가 오그 만디노는 말합니다.

"사람은 습관의 노예다. 이왕이면 좋은 습관의 노예가 되라."

또한 영국의 시인 존 드라이든은 말합니다.

"처음에는 자신이 습관을 만든다. 그러나 나중에는 습관이 자신을 만든다."

세계의 현인들이 말하는 것은 모두 일치합니다. 습관이 행동을 변화시키고, 행동이 변하면 인격이 바뀌고, 인격이 바뀌면 운명이 변한다고 강조합니다.

좋은 습관을 만드는 것이 중요합니다. 하루 24시간 안에 좋은 습관을 배치하는 것이 좋은 습관을 오랫동안 유지할 수 있는 비결입니다. 좋은 습관을 많이 들인 사람이 앞선 사람이며 성공할 사람입니다.

우리는 수없이 다짐하고 계획들을 만듭니다. 하지만 그것들을 실현한 사람은 적습니다. 결국 '지속력'의 차이입니다. 꾸준함과 성실함이 성공과 실패를 좌우합니다. 꾸준하게 일을 지속하려면 그 일이 습관으로 자리잡혀야 합니다.

습관의 차이가 성공의 차이가 됩니다. 마음먹은 것을 내일로 미루지 않고 당장 실행으로 옮기는 좋은 습관만 몸에 지니고 있어도 절반은 성공한 삶입니다.

습관의 성공 여부는 실행력에서 결정됩니다. 좋은 습관을 만들어두면 남과 다른 삶을 살 수 있습니다. 습관이 운명을 바꿀 수 있습니다.

근사하게 원문 읽기

子曰 性相近也 習相遠也
자 왈 성 상 근 야 습 상 원 야

꾸준함을 이기는 것은 없다

하고자 하는 자는 언젠가 성공하고, 걷는 자는 틀림없이 도착한다.
나는 남과 다른 것이 아무것도 없다.
다만 언제나 일을 하되 포기하지 않았고 항상 걷되 쉬지 않았을 뿐이다.
그 때문에 나에게 미치지 못하는 것이다.

_《안자춘추(晏子春秋)》

•••

　제나라의 재상 양구거는 정권의 일인자 안자의 재능을 부러워했습니다. 자신이 평생 안자보다 뒤처지는 정권의 이인자가 될까 두려워했습니다. 그런 양구거에게 안자는 조언의 메시지를 던집니다.

　'꾸준히 노력하면 반드시 이룰 수 있다. 나 역시 다른 사람과 특별하게 다른 점이 있는 것이 아니다. 항상 포기하지 않고 노력했기 때문에 이 모든 것을 이룰 수 있었다.'

　맨 앞에 일인자가 된다는 것은 타고난 재능과 실력만으로는 될 수 없습니다. 누군가의 도움으로도 올라갈 수 없는 자리입니다. 본인의 피나는 노력이 있어야 가능합니다.

성공한 사람들은 하나같이 쉬지 않고 노력했기 때문에 큰 성공을 거둘 수 있었다고 말합니다. 치열하게 고군분투한 사람이 좋은 결과를 만들어냅니다.

《열자(列子)》에는 어리석은 노인이 산을 옮긴 이야기가 나옵니다.

중국 기주 남쪽과 하양 북쪽에 태행산, 왕옥산이 있었습니다. 우공이라는 90세 노인은 이 두 산에 가로막혀 돌아다니는 것이 불편해서 산을 옮기기로 마음을 먹습니다.

흙을 발해만까지 운반하는 데 한 번 왕복에 1년이 걸렸습니다. 이것을 본 친구 지수가 웃으며 만류하자 정색하며 말했습니다.

"나는 늙었지만 나에게는 자식도 있고 손자도 있다. 그 손자는 또 자식을 낳아 자자손손 한없이 대를 잇겠지만 산은 더 불어나는 일이 없지 않은가. 그러니 언젠가는 평평하게 될 날이 오겠지."

이 말을 들은 산신령이 산을 허무는 인간의 노력이 끝없이 계속될까 겁이 나서 옥황상제에게 이 일을 말려주도록 호소합니다.

옥황상제는 우공의 정성에 감동하여 가장 힘이 센 과아씨의 아들을 시켜 두 산을 들어 옮겨, 하나는 삭동에 두고 하나는 옹남에 두게 합니다.

이 이야기는 '어리석어 보이는 일이라도 한 가지 일에 매진하여 끝까지 포기하지 않고 노력하면 언젠가는 목적을 달성할 수 있다'라는 의미로 널리 사용되는 '우공이산(愚公移山)'의 유래입니다.

　일도 공부도 꾸준함을 이기는 것은 없습니다.

　'낙숫물이 댓돌을 뚫는다.'

　이 말처럼 아무리 어려운 일이라도 집요하게 노력하면 이뤄집니다.

爲者常成 行者常至 嬰非有異於人也 常爲而不置 常行而不休者 故難及也
위 자 상 성　행 자 상 지　영 비 유 이 어 인 야　상 위 이 불 치　상 행 이 불 휴 자　고 난 급 야

04

잃어버린 마음을 찾는 것이 진정한 공부다

인은 사람의 마음이고, 의로움은 사람의 길이다.
그 길을 버리고도 걸어가지 않으며,
그 마음을 잃어버리고도 찾을 줄을 모르니, 슬픈 일이다.
사람은 닭이나 개를 잃어버리면 이것을 찾을 줄은 알면서도,
자기의 마음을 잃어버리면 찾을 줄을 모른다.
학문의 길은 다른 데 있는 게 아니라
그 잃어버린 마음을 찾는 데 있을 뿐이다.

_《맹자》

...

맹자는 공부란 욕심 때문에 잃어버린 사람의 선한 본성을 되찾는 것이라고 말했습니다. 그는 외부의 유혹과 이기심 때문에 인간의 본래 성품이 흐려지는 것이라고 보았습니다. 그는 사람의 성품은 본래 선하다는 '성선설(性善說)'을 주장했습니다.

그러나 사람이란 살아가면서 점점 선한 본심은 잃어버리고 욕망에 사로잡혀 악행을 합니다. 학문의 목적은 바로 잃어버린 마음인 '인(仁)'과 '의(義)'를 찾는 것뿐입니다.

맹자는 세상 사람들이 자신이 기르던 닭과 개를 잃어버리면 그

것을 찾으려 애쓰면서도 본연의 마음인 선한 마음을 잃어버렸는데도 그 마음을 찾을 줄 모르는 것을 매우 안타까워합니다.

공부란 더 나은 사람이 되기 위한 공부가 되어야 합니다. 인의를 통해서 선한 마음을 회복될 수 있는 공부가 진정한 공부입니다.

사심(私心)을 버리고 양심인 천성(天性)을 되찾는 것에 집중해야 합니다. 인간 죄악의 근원은 자기 마음을 속이는 행위에서 시작됩니다. 욕심과 감정에 휘둘려서 어진 사람의 마음과 사람이 가야 할 옳은 길을 잊으면 안 됩니다.

인간이 유용하게 사용해야 할 돈이 오히려 인간을 통제하고, 인간을 행복하게 해주어야 할 지식이 오히려 인생을 옭아맬 때가 있습니다. 이렇게 된다면 돈과 지식은 인간에게 유용한 것이 아닙니다. 내가 있고 나서 부와 지식이 있어야 합니다. 외부의 것들이 본연의 마음을 좌우해서는 안 됩니다.

사람이 가야 하는 길들이 있습니다. 지도자가 걸어가야 하는 길이 있고, 부모가 걸어가야 하는 길이 있습니다. 우리 각자가 걸어가야 하는 길이 반드시 있습니다. 사람의 가지고 태어난 본성을 더 확장해가야 합니다. 욕심이 우리를 지배하게 해서는 안 됩니다.

삶의 자세를 바르게 하고 배움을 놓지 않는 사람만이 잃어버린 본성을 찾을 수 있습니다. 본성을 찾은 사람은 이루고 싶은 목적을 달성할 것이며 실패가 없을 것입니다.

학문의 길은 다른 데 있는 게 아니라 잃어버린 마음을 찾는 데 있습니다. 진정한 공부란 바른 마음의 회복입니다.

·

근사하게 원문 읽기

仁 人心也 義 人路也 舍其路而弗由 放其心而不知求 哀哉
인 인심야 의 인로야 사기로이불유 방기심이부지구 애재

人有雞犬放 則知求之 有放心 而不知求 學問之道無他 求其放心而已矣
인유계견방 즉지구지 유방심 이부지구 학문지도무타 구기방심이이의

05

탁월한 재능만으로 배우는 사람을 이길 수 없다

썩은 나무에는 조각할 수 없고,
썩어 문드러진 흙담에는 흙손질할 수가 없는 것이니,
재여를 나무란들 무엇하리오.

《논어》

• • •

어느 날, 공자는 제자 재여가 대낮부터 침실에 들어가 낮잠 자
는 것을 발견하고는 격노하여 크게 꾸짖습니다. 그는 말합니다.

"썩은 나무에는 조각할 수 없고, 거름흙으로 쌓은 담벼락에는
곱게 흙손질할 수가 없다!"

이는 배우는 사람의 정신과 태도를 지니지 않은 사람은 아무리
가르쳐도 소용이 없다는 말입니다.

재여는 언변이 뛰어난 공자 제자였습니다. 언변은 뛰어났으나
생활 태도에 절제가 없고 자기가 하고 싶은 대로 했습니다. 한 날,
낮잠을 자다가 공자에게 한바탕 혼이 난 것입니다.

아무리 훌륭한 스승이 가르친다 해도 배우는 사람이 마음의 준

비가 되지 않았다면 가르침은 효과를 볼 수 없습니다.

공자에게 파문을 당한 제자가 있습니다. 정치에 뛰어난 제자 염유입니다.

어느 날, 염유가 공자에게 묻습니다.

"스승님의 도를 좋아하지 않는 것은 아니지만 힘에 부칩니다."

이에 공자는 꾸짖습니다.

"힘이 모자라면 하다가 중간에 그만두는데 너는 하기도 전에 미리 선을 긋고 있구나."

훗날 염유는 실권자 계강자의 가신으로 일하면서 백성에게 세금을 착취해 공자에게 파문당합니다.

염유는 공자에게 한 번도 '인(仁)'을 묻지 않은 제자이기도 합니다. 거듭 말하지만, 훌륭한 스승이라 해도 스스로 노력하지 않은 사람을 가르칠 수는 없습니다.

탁월한 재능이 있는 것만 믿고 배움을 멀리하는 사람은 반드시 실패합니다. 반대로 탁월한 재능은 없지만, 끊임없이 배우고 노력하는 사람은 성공합니다.

날로 성장하고 발전하는 사람은 언제나 자신을 다그치며 도전합니다. 적당한 선에서 안주하지 않습니다. 그들은 스스로 깨닫고 움직이며 더 나은 삶을 향해 나아갑니다.

어떤 재능과 자질을 갖추고 있느냐가 아니라 어떤 마음가짐으로 배움에 임하느냐가 핵심입니다. 아무리 뛰어난 자질이 있어도 배우고자 하는 열의가 없다면 배움의 진가는 발휘될 수 없습니다.

배움과 실천이 하나 될 때 그리고 기본에 충실했을 때만이 만족할 만한 성공이 옵니다.

朽木不可雕也 糞土之牆不可杇也 於予與何誅
후 목 불 가 조 야 분 토 지 장 불 가 후 야 어 여 여 하 주

06

하루 24시간은 동일하다

공자의 〈삼계도〉
일생의 계획은 어릴 때에 있고,
한 해의 계획은 봄에 있고, 하루의 계획은 새벽에 있다.
어려서 배우지 않으면 늙어 아는 것이 없으며,
봄에 밭을 갈지 않으면 가을에 거둘 것이 없고,
새벽에 일어나지 않으면 하루의 일이 제대로 되지 않을 것이다.

_《명심보감》

• • •

하루 24시간은 부유한 사람이나 가난한 사람이나 성공한 사람
이나 실패한 사람 모두에게 똑같이 주어집니다. 다만 이 시간을
어떻게 사용했느냐에 따라 결과가 달라집니다.

공자의 〈삼계도(三計圖)〉는 계획의 중요성을 일깨웁니다. 일생
의 계획은 어릴 때 있고, 한 해의 계획은 봄에 있고, 하루의 계획
은 새벽에 있습니다.

어려서 배우지 않으면 늙어 아는 것이 없으며, 봄에 밭을 갈지
않으면 가을에 거둘 것이 없고, 새벽에 일어나지 않으면 하루의

일이 제대로 되지 않습니다.

하늘이 공평하게 준 것은 시간입니다. 인생의 시간 안에서 각자에게 주어진 하늘의 소명이 있습니다. 그 소명을 일찍 알고 묵묵히 그것을 실현하기 위해 노력한 사람은 하늘이 복을 줍니다.

리더들은 잘나서 리더가 된 게 아닙니다. 자신이 잘할 수 있는 일에 시간을 허비하지 않고 집중하며 열심히 살아낸 끝에 리더 위치에 오른 것입니다.

시간을 소중하게 여겨 일분일초도 허비하지 않고 맡은 소임을 다하다 보면 사람들의 존경을 받는 위치에 오릅니다. 코카콜라 전 회장 더글러스 테프트는 시간의 소중함에 관하여 이렇게 말했습니다.

"1분의 소중함을 알고 싶으면 기차를 놓친 사람에게 물어보십시오. 1분이라는 시간이 얼마나 소중한지 알게 될 것입니다. 1초의 소중함을 알고 싶으면 간신히 교통사고를 모면한 사람에게 물어보십시오. 1초라는 그 짧은 시간이 운명을 가를 수 있는 시간이라는 걸 알게 될 것입니다.

당신에게 다가오는 모든 순간을 소중히 여기십시오. 시간은 아무도 기다려주지 않습니다. 어제는 지나간 역사이며 미래는 누구도 알 수 없는 신비일 뿐입니다. 오늘이야말로 당신에게 주어진 최고의 선물입니다. 그래서 우리는 현재를 선물(present)이라고 합니다."

　미래는 우리가 현재 무엇을 하는가에 달려 있습니다. 내일은 어제로부터 무엇인가를 배우길 바랍니다. 시간과 정성 없이는 얻을 수 있는 결실이란 없습니다.

孔子三計圖 一生之計 在於幼 一年之計 在於春 一日之計 在於寅
공 자 삼 계 도　일 생 지 계　재 어 유　일 년 지 계　재 어 춘　일 일 지 계　재 어 인

幼而不學 老無所知 春若不耕 秋無所望 寅若不起 日無所辦
유 이 불 학　노 무 소 지　춘 약 불 경　추 무 소 망　인 약 불 기　일 무 소 판

07

작은 일을 끝까지 하면 위대한 일이 된다

흙이 쌓이면 산을 이루고, 물이 모이면 연못을 이루며,
선을 쌓으면 덕을 이룬다.
자르다가 그만두면 썩은 나무도 자를 수 없지만
새기기를 중지하지 않는다면 쇠나 돌에도 새길 수 있다.

_《순자(荀子)》

• • •

'티끌 모아 태산', '우물을 파도 한 우물을 파라', ' 우공이산(愚公移山)', 마부작침(磨斧作針), 수적석천(水滴石穿) 등 '노력하면 안되는 일이란 없다'는 맥락의 속담과 고사성어가 많습니다. 이런 말들이 오래도록 전해지는 건 그 중요함 때문이기도 하겠지만, 쉽게 실천하기 어려운 것이기에 더욱 마음에 새기고 실행하라는 선현들의 절절한 메시지가 아닐까 싶습니다.

순자는 중국 전국시대 말기의 유학자입니다. '성악설(性惡說)', 즉 사람의 성품은 본래 악(惡)하기 때문에 배움으로 본성을 찾아야 한다고 주장합니다. 한 번 배워서 되는 것이 아니라 끊임없이 배움을 이어나갈 때 사람다워진다고 역설합니다. 그렇기에 순자

는 〈권학편(勸學篇)〉에서 배움을 이야기하며 동시에 일관된 의지와 실천에 대해 거듭 중요함을 강조합니다.

'자르다가 그만두면 썩은 나무도 자를 수 없지만 새기기를 중지하지 않는다면 쇠나 돌에도 새길 수 있다.'

처음에 무디고 무딘 쇠도 숫돌에 오랫동안 갈려서 날카롭게 되면 쇠나 돌에 무늬를 새길 수 있는 칼이 됩니다.

《명심보감》은 말합니다.

'반걸음이라도 모으지 않으면 천 리 길에 이를 수 없고, 작은 개울이 없으면 강이나 바다를 이루지 못한다(不積蹞步부적규보 無以致千里무이치천리 不積小流부적소류 無以成江海무이성강해).'

가다가 중지하면 아니 가는 것만 못합니다. 쉬지 않고 꾸준하게 일을 해나간다면 반드시 이루고자 하는 목표를 달성하게 됩니다.

맹자는 어린 시절에 엄한 스승 아래서 배우다가 힘들어 짐을 챙겨 집으로 돌아옵니다. 그때 맹자 어머니는 마루에서 베를 짜고 있었습니다. 중도에 학업을 관두고 돌아오는 아들을 본 어머니는 베틀 옆 칼을 들어 짜고 있던 베를 가로로 갈라버립니다. 이 광경을 본 맹자가 매우 놀라며 이유를 묻자 어머니가 대답합니다.

"네가 학문을 그만둔다는 것이 내가 짜던 베를 끊어버리는 것과 무엇이 다르냐?"

맹자는 어머니의 말을 듣고 다시 산으로 올라가 학문 연구에 최선을 다합니다. 그 덕분에 지금 우리가 알고 있는 유학자 맹자로 거듭납니다. 훌륭한 어머니의 가르침으로 맹자는 어린 나이에 깨닫게 됩니다.

'중도에 그만두면 아무 쓸모가 없다.'

특히 '배움'이라는 것은 더욱 그렇습니다. 중간에 그만두지 않으면 어떤 일이든지 이룰 수 있습니다. 실패란 그 일을 포기하거나 끝내기 전에는 일어나지 않습니다.

"아무리 가까운 거리도 걷지 않으면 도달할 수 없고, 아무리 간단한 일도 실천하지 않으면 이루지 못한다."

순자의 이 말을 기억해야 합니다. 아무리 작고 하찮은 일도 꾸준하게 끝까지 하다 보면 위대한 일이 됩니다.

근사하게 원문 읽기

積土成山 積水成淵 積善成德 鍥而舍之 朽木不折 鍥而不舍 金石可鏤
적 토 성 산 적 수 성 연 적 선 성 덕 계 이 사 지 후 목 부 절 계 이 불 사 금 석 가 루

한 가지 그릇 모양만 되어서는 안 된다

공자께서 말씀하셨다.
군자는 그릇 같은 존재가 아니니라.
_《논어》

●●●

'군자는 그릇 같은 존재가 되어서는 안 된다.'

이는 단 하나의 용도로만 쓰이는 그릇과 같은 사람이 되어서는
안 된다고 경계하는 말입니다. 군자라면 다양한 지식과 폭넓은
경험을 바탕으로, 고정된 사고에 머물지 않고 유연하게 생각하고
행동할 수 있어야 합니다.

또한 군자는 한 가지 분야에만 정통한 사람이 아니라, 다양함
을 기꺼이 받아들이고 여러 분야에 걸쳐 균형 잡힌 식견을 갖춘
사람이어야 합니다.

오늘날의 기준으로 보자면, 급변하는 시대에 창의성과 통찰력
을 바탕으로 새로운 가치를 만들어낼 줄 아는, 융합적 사고를 지

닌 인재가 바로 군자에 가까운 사람이라 할 수 있습니다.

현대에는 한 가지 전문적 지식만 가지고는 창조적인 역량을 만들어내지 못합니다. 인공지능 챗GPT가 출현한 지금은 웬만한 지식은 인공지능에게 물어보고 활용하면 되는 시대입니다.

그렇다면 우리는 무엇을 어떻게 준비해야 할까요? 공자가 말했듯 어느 한 가지만 수용하는 그릇이 되면 안 됩니다. 다양한 전문 지식을 합쳐서 새로운 것을 창조해내는 사람이 되어야 합니다. 과학과 인문, 동양과 서양, 철학과 IT 등 그 어떤 영역이든 접목하여 위대한 것들을 창조해야 합니다.

맹자는 수많은 역사적 인물을 비교 분석하면서 공자야말로 이전 성현들의 능력을 종합하고 통합해낸 인물이라고 평합니다.

"청렴한 백이(伯夷), 책임감 있는 이윤(伊尹), 화해의 정치를 주장한 노나라 유하혜(柳下惠) 등 이들이 모두 모여 하나로 집대성된 사람이 공자다."

맹자는 공자를 진정한 군자로 본 것입니다.

여러 분야를 통섭하고 하나로 집대성한 역사적 인물은 많습니다. 인문학과 과학 기술 그리고 문화를 집대성한 세종대왕, 다양한 학문을 실학으로 풀어낸 정약용, 현대에는 방대한 지식과 콘텐츠를 집약해서 스마트폰을 만들어낸 애플의 스티브 잡스 등 통찰력이 뛰어난 인물들이 저마다 세상을 이끌었습니다.

군자는 유연한 사고를 갖춘 사람입니다. 내 밥그릇만 고수하지 않습니다. 때로는 내 밥그릇을 깨고 다른 모습으로 넘나들 수 있어야 합니다.

거듭 강조합니다. 한 가지만 담는 그릇이 되어서는 안 됩니다. 다양한 것을 수용하고 통찰력을 지닌 사람이 되어야 합니다.

근사하게 원문 읽기

子曰 君子不器
자 왈 군 자 불 기

09

위기를 피할 세 개의 굴을 가져라

똑똑한 토끼는 위기를 대비해 세 개의 굴을 파고 산다.

_《사기》

• • •

인생에서 위기는 언제든지 옵니다. 위기를 모면할 준비가 되어 있는 사람과 그렇지 않은 사람으로 구분될 뿐입니다. 현명한 사람은 다가올 위기를 예측하고 그에 대한 준비를 철저히 합니다.

이런 상황에서 자주 사용되는 사자성어가 바로 '교토삼굴(狡兔三窟)'입니다. '교(狡)'는 날래고 똑똑하다는 뜻이고, '굴(窟)'은 위기를 피할 수 있는 은신처 같은 동굴을 의미합니다. 날래고 똑똑한 토끼는 세 개의 은신처를 가지고 있다는 뜻이 됩니다.

춘추전국 시대 제나라 맹상군은 식객이 많았습니다. 식객 중에 풍환이라는 인물이 총명한 지혜로 맹상군을 위한 세 개의 은신처를 확보해줍니다.

맹상군이 새로 즉위한 민왕에게 미움을 받아 재상 자리에서 물러나서 오갈 데 없을 때를 대비하여 설 땅 주민들에게 민심을 미리 얻어놓았고, 제나라 왕이 맹상군을 다시 재상으로 등용될 수 있도록 위나라의 왕의 마음을 이용하여 맹상군을 재상으로 복귀시켜줍니다. 마지막으로 설 땅에 종묘를 세우게 하여 왕조차도 그를 함부로 하지 못하게 만듭니다.

맹상군은 식객 풍환 덕분에 수십 년 동안 재상으로 있으면서 별다른 화를 입지 않습니다.

위기가 닥치면 언제든지 숨을 수 있는 세 개의 굴을 가지고 살기란 쉬운 일이 아닙니다. 부동산, 주식, 현금, 현재의 직업 등은 위기 상황에 안전한 은신처가 될 수 없습니다. 예상치 못하게 모두 잃을 수 있습니다. 위기를 모면하기 위한 은신처가 최소 하나 정도는 있어야 합니다.

그곳은 바로 사랑하는 가족이 있는 '가정'입니다. 어떤 어려움과 힘든 일이 있어도 이겨낼 수 있는 건 가족의 사랑 덕분입니다. 가정에서 사랑받은 사람은 어떤 위기가 닥쳐와도 이겨낼 수 있습니다. 그 사랑과 믿음으로 위기에 모면할 은신처를 만드는 것입니다.

코로나19 팬데믹을 겪으면서 위기가 닥쳐올 때 어떻게 무너지는지 그리고 어떻게 살아남는지 알았습니다.

영원히 유지되는 것은 없습니다. 급변하는 현대를 지혜롭게 사는 법, 즉 배우고 준비된 사람만이 살아남는다는 사실을 기억해야 합니다.

요컨대 날래고 똑똑한 토끼가 되어야 생존할 수 있습니다.

근사하게 원문 읽기

狡兔三窟
교 토 삼 굴

10

고난은 하늘이 준 축복이다

역은 궁하면 변하고 변하면 통하고 통하면 오래 한다.
이로써 하늘이 도와 길하며 이롭지 않음이 없다.

_《주역》_

• • •

《주역》에는 변화의 철학이 담긴 '궁즉통(窮則通)의 논리' 글이 있습니다. 일이 잘 풀리지 않고 답이 보이지 않는 막막한 상황에 처했을 때, 이 '궁즉통'의 지혜를 떠올리길 바랍니다.

'궁하면 통한다'는 뜻을 지닌 이 말은 사물이 어떤 한계점이나 극한에 도달하게 되면 필연적으로 변화가 일어나고, 그 변화는 막힘없는 흐름을 만들어내며, 결국 그 흐름은 오래도록 지속될 수 있다는 만물의 순환 원리를 설명합니다. 이는 고정된 상태에 머무르기보다는 변화 속에서 길을 찾고, 막힌 상황일수록 새로운 가능성이 열릴 수 있음을 시사하는 말이기도 합니다.

무엇도 더 이상 일어나지 않을 만한 극도의 상황까지 최선을 다했을 때 변화가 일어나고 그 변화를 통해 해결책을 마련할 수 있게 됩니다.

세상은 '궁(窮) → 변(變) → 통(通) → 구(久)'의 4단계로 변화합니다.

첫째, 궁은 막바지에 다다른 상태입니다. 더 이상 물러설 곳이 없는 상황입니다.

둘째, 변은 궁한 상태가 끝나고 새로운 국면으로 전환되어 답을 찾는 단계입니다.

셋째, 통은 문제가 해결되어 새로운 해답을 찾아 안정을 되찾은 단계입니다.

넷째, 구는 지나간 변화와 극한 상황을 모두 잊어버리고 나태에 빠지며 안락과 평화가 지속되는 단계입니다.

과거에 언제 위기가 있었나 싶을 정도로 평화가 계속되기를 바라지만 세상에는 영원한 평화도, 영원한 위기도 없습니다. 그렇기에 어떤 고난이 있어도 포기하지 않고 노력한다면 그 어려움은 반드시 해결되며 통할 것입니다. 그리고 한동안 그 안정이 지속됩니다. 주역이 말해주는 난세를 현명하게 헤쳐가는 변화의 철학을 기억하십시오.

공자는《논어》〈위령공편〉에서 말했습니다.

'일을 잘하려면 반드시 그 도구부터 날카롭게 다듬고 준비해야 한다(工慾善基事공욕선기사 必先利基器필선리기기).'

비록 지금 어려운 지경이라 하더라도 공부는 일상이 되어야 합니다. 위기가 닥쳤을 때 변화로 이끌려면 평상시에 준비해온 날카로운 도구를 사용해야 합니다.

준비된 자만이 위기를 모면할 수 있습니다. 어찌 보면 고난은 유익입니다. 고난은 하늘이 인간에게 주는 축복일 수 있습니다.

근사하게 원문 읽기

易 窮則變 變則通 通則久 是以自天祐之 吉无不利
역 궁 즉 변 변 즉 통 통 즉 구 시 이 자 천 우 지 길 무 불 리

좋은 옥은 하루아침에 만들지 못한다

옥은 매끄럽게 다듬지 않으면 그릇이 될 수 없고
사람은 배우지 않으면 도를 알지 못한다.
그래서 고대에 어진 군주는 나라를 세우고 백성을 다스릴 때
가르치고 배우는 것을 우선으로 했다.

_《예기(禮記)》

•••

좋은 옥은 하루아침에 만들어지지 않습니다. 옥의 원석을 갈고
다듬는 과정을 거쳐야 최고의 옥을 만들어낼 수 있습니다. 성공
한다는 것도 이와 같을 것입니다. 목표를 세우고 그 목표를 달성
하기 위해 하루도 거르지 않고 꿈과 희망을 향해 정진했을 때 비
로소 성공의 문턱에 도달하게 됩니다.

《서경(書經)》에는 '절차탁마(切磋琢磨)'의 유래가 나옵니다. 옥의
원석을 자르고, 썰고, 쪼고, 갈아서 옥을 만드는 가공 과정을 빗대
어 목표를 향하여 한 걸음씩 내디뎌야 최고가 되고 성공할 수 있
다는 뜻을 가르쳐주는 고사성어입니다.

절차와 과정을 무시하고 오로지 결과만 좋으면 좋다는 생각으

로 일을 한다면 오래가지 못해서 실패할 것입니다. 인생도 과정을 무시하고 결과만을 보고 수단 방법을 가리지 않고 산다면 그 인생은 오래가지 못하고 실패를 경험할 것입니다.

배움의 공부도 마찬가지입니다. 배움을 단순히 지식을 채우고 성공을 위한 능력 배양으로만 생각하는 것은 배움을 좁게 보는 것입니다. 배움을 통해서 자신의 성품을 다듬고 세상에 도움을 줄 수 있는 사람으로까지 나아가야 합니다. 아무리 거친 돌이라 해도 갈고닦으면 귀한 보석 같은 돌이 될 수 있습니다.

《순자》는 말합니다.

'사람에게 학문은 옥돌을 갈고닦는 것과 같다(人之於文學也인지어문학야 猶玉之於琢磨也유옥지어탁마야).'

옛글에는 이런 비슷한 말이 많습니다. 그만큼 배움은 하루아침에 되는 것이 아니라 꾸준하게 갈고닦았을 때 완성된다는 사실을 알고 있었다는 방증입니다.

《시경(詩經)》에는 '불학장면(不學牆面)', 즉 '늘 노력하지 않거나 배우려 하지 않는 사람은 마치 담장과 얼굴을 맞대고 사는 것과 같다'라는 구절이 나옵니다. 배우려 하지 않는 사람은 담장과 얼굴을 맞대고 서 있는 것처럼 답답하다는 뜻입니다.

세상에는 나이와 환경에 구애받지 않고 배움을 통해 끊임없이 새로운 안목을 기르려고 노력하는 사람과, 더 이상 배우려 하지 않고 자신이 아는 것만 옳다고 믿으며 자신이 본 것과 생각하는 것만 진리라고 주장하는 사람이 있습니다. 배움을 포기한다는 것은 아집과 편견으로 가득 찬 사람일 가능성이 큽니다. 마치 담장을 보고 서 있는 것과 같습니다.

배움은 끊임없이 해야 한다고 거듭 강조해도 모자랍니다. 옥은 매끄럽게 다듬지 않으면 그릇이 될 수 없고, 사람은 배우지 않으면 도를 알지 못합니다. 배움을 멈추면 안 되는 이유가 여기에 있습니다.

근사하게 원문 읽기

玉不琢 不成器 人不學 不知道 是故古之王者 建國君民 教學爲先
옥불탁 불성기 인불학 부지도 시고고지왕자 건국군민 교학위선

12

최고의 고수는 말로 하지 않는다

솜씨가 뛰어난 포정(백정)이 소와 뼈와 살을 발라낸다.

_《장자》

• • •

위의 글은 신기(神技)에 가까운 솜씨와 기술을 칭찬할 때 비유하여 이르는 말입니다. 어떤 분야의 최고수가 된다는 것은 쉬운 일이 아닙니다. 아는 것이 많다고, 또 기술이 뛰어나다고 하여 최고라고 하지 않습니다.

전국 시대 양나라에는 포정이라는 인물이 있었는데, 소를 대단히 잘 발랐습니다. 《장자》〈양생주편(養生主篇)〉에 나오는 포정의 이야기는 이렇습니다.

어느 날 포정이 궁에서 소를 잡고 있었는데 지나가다 그 모습을 본 문혜왕이 감탄하며 포정에게 소 잡는 도(道)를 묻습니다. 이에 포정이 대답합니다.

"제가 처음 소를 잡았을 때는 소의 겉모습만 보였습니다. 3년이 지나니 소의 겉모습은 눈에 보이지 않고 소가 부위별로 보였습니다. 19년이 지난 지금 저는 눈으로 소를 보지 않습니다. 마음의 눈을 뜨고 소의 살과 뼈, 근육 사이의 틈새를 봅니다. 그리고 그 사이로 칼이 지나가게 합니다. 아직 한 번도 칼질을 실수하여 살이나 뼈와 부딪힌 적이 없습니다. 솜씨 좋은 백정이 1년 만에 칼을 바꾸는 것은 칼을 가지고 소의 살을 베기 때문입니다. 평범한 백정은 달마다 칼을 바꾸는데, 이는 칼로 무리하게 뼈를 가르기 때문입니다. 그렇지만 제 칼은 19년이나 되어 수천 마리의 소를 잡았지만, 칼날은 방금 숫돌에 간 것과 같습니다. 소와 뼈와 살, 근육 사이에는 틈새가 있게 마련이고 그 틈새로 칼날을 집어넣어 소를 잡기 때문에 칼날이 전혀 무뎌지지 않은 것입니다. 이것이 19년이 되었어도 제 칼날이 방금 숫돌에 간 것과 같은 이유지요. 이것이 소를 잡는 저만의 비법입니다."

문혜왕은 포정의 말을 다 듣고 소를 잘 잡는 비법을 듣다가 양생(養生)의 도를 터득했다며 감탄합니다.

어느 분야이든 경지에 이른 달인들이 있습니다. 이 고수들은 길을 알고 원칙을 중요하게 여깁니다. 포정처럼 겉모습이 아닌 소의 겉모습뿐만 아니라 살과 뼈, 근육 사이의 틈새를 볼 줄 알아야 합니다. 선무당이 사람 잡는다고 했습니다. 일에 대해 잘 알지 못하면서 대비도 없이 일을 처리하면 큰일이 납니다. 사회의 요직에 있는 이들은 더 전문성을 가지고 일에 임해야 합니다.

배움을 쉬지 않고 자기 분야에서 최선을 다한다면 포정의 경지에 반드시 오를 것입니다. 말로 배우지 않고 직접 몸으로 익히는 배움이 진정한 배움입니다. 배움의 방법이 바르지 않으면 도구 탓, 환경 탓을 하게 됩니다. 목표를 설정하고 목표를 향한 바른 방법을 터득했다면 반드시 고수가 될 것입니다.

근사하게 원문 읽기

庖丁解牛
포 정 해 우

13

남에게 보이기 위한 배움을 하지 말라

공자께서 말씀하셨다.
옛날 배우는 사람들은 자신을 위한 배움을 했는데
지금 배우는 사람들은 남을 위한 학문을 한다.

_《논어》

•••

학창 시절, 공부는 누구를 위해 하는 것인지 한 번쯤은 심각하게 고민을 해봅니다. 새벽부터 밤까지 배움을 쉬지 않습니다. 학창 시절이 끝나면 공부가 끝나는 줄 알았는데, 직장인이 되어서도 배움은 계속됩니다.

공부의 목적은 경쟁력을 키워 살아남기 위한 하나의 전략일 수 있습니다. 공부의 종류도 시기와 시대에 따라 변합니다. 경제, 경영, 문화, 예술, 철학, 역사, 과학 등 다양한 분야의 지식을 공부합니다. 오늘날은 이런 공부가 모두 갖추어지지 않으면 살아남기 힘든 시대입니다.

《논어》는 배움을 두 가지로 분류합니다. 하나는 '나를 위한 배움, 즉 위기지학(爲己之學)'이고, 또 하나는 '남을 위한 배움, 즉 위인지학(爲人之學)'입니다.

나를 위한 배움이란 우리 자신이 창조적으로 새로운 생각을 하게 되고 세상을 보는 안목이 더 크고 넓어지는 방향으로 배움을 이어가는 것입니다.

반면, 남을 위한 배움이란 말 그대로 남에게 보이기 위한 배움입니다. 대학은 어디를 나왔으며 무엇을 전공했는지를 남에게 과시하거나 자랑하려는 의도로 배움을 하는 것입니다.

남에게 보이기 위한 배움이 아닌 나를 위한 배움이 참된 배움입니다. 배움을 통해 내가 행복해지고 내 주변도 행복하게 만들어나가는 것이 배움을 하는 목적이며 이런 배움을 실천하는 사람이 군자이고 참된 리더입니다.

《대학(大學)》에는 수기치인(修己治人)하는 팔조목(八條目)이 있습니다. 격물(格物)·치지(致知)·성의(誠意)·정심(正心)·수신(修身)·제가(齊家)·치국(治國)·평천하(平天下) 등 이렇게 여덟 가지 덕목입니다.

폭넓은 경험과 공부로 식견을 넓히고, 올바른 뜻과 마음으로 자신을 바로 세워, 스스로 수양이 된 후에 집안을 바르게 다스릴 수 있으며, 나라를 다스리고 세상이 평안하게 할 수 있다는 말입니다.

학문이란 내가 바른 사람이 되기 위해서 하는 것입니다. 내가 바로 서야 집안, 나라, 세상이 바르게 됩니다. 학문을 사회적 성공이나 부귀영화를 얻기 위한 수단으로만 사용해선 안 됩니다.

배움이 나로 시작해서 남과 세상까지 변화시킬 중요한 수단으로 사용되었을 때 참된 기쁨이자 행복한 배움이 되는 것입니다.

근사하게 원문 읽기

子曰 古之學者爲己 今之學者爲人
자 왈 고 지 학 자 위 기 금 지 학 자 위 인

14

배우기를 부끄러워하지 말라

자공이 여쭈었다.
"공문자는 무엇 때문에 문이라고 부릅니까?"
공자께서 말씀하셨다.
"그는 영민하고 배우기를 좋아하며 자기보다 못한 사람에게 묻는 것을
부끄럽게 여기지 않았다. 이 때문에 그를 문이라고 부른다."
_《논어》_

•••

위나라의 대부였던 공문자는 '문(文)'이라는 최고의 시호(諡號)
를 받았습니다. 시호란 사람이 생전에 남긴 말과 행동 그리고 업
적과 인품을 종합적으로 평가해 사후에 붙이는 존칭입니다. 그중
에서도 '문'은 지혜와 덕, 공적을 두루 갖춘 인물에게만 주어지는
가장 높은 단계의 시호였습니다.

하지만 공문자는 생전에 욕심이 많고 충성심이 부족한 인물로
평가받던 사람이었습니다. 그와 같은 사람이 어떻게 가장 뛰어난
시호인 '문'을 받을 수 있었는지 의문이 제기된 것은 어찌 보면 당
연한 일이었습니다. 이러한 이유로 제자 자공이 그 일에 대해 의아
함을 품고 공자에게 물은 것입니다. 이에 대해 공자는 답합니다.

"공문자가 비록 결점은 있지만 배움에 대한 열망이 크고, 모르는 것이 있으면 아랫사람에게라도 묻는 것을 부끄러워하지 않았기 때문에 사람들의 인정을 받을 수 있었다."

'아랫사람에게 묻는 것을 부끄럽지 않게 생각한다.'

공문자의 이 '불치하문(不恥下問)'의 배움 자세를 배워야 합니다.

아무리 지위가 낮거나 보잘것없는 사람이라도 내가 모르는 것을 알고 있을 수 있습니다. 자신이 모르는 걸 묻는 것은 신분이나 지위가 높고 낮음을 가리지 않고 부끄러울 게 없어야 합니다.

진실로 배우기를 좋아한다면 자신보다 못한 사람에게도 기꺼이 물어볼 줄 알아야 합니다.

사실 윗사람이라고 해서 아랫사람보다 무조건 많이 알아야 하는 것도 아니고 알고 있는 것도 아닙니다.

세상의 지식과 정보들이 하루가 다르게 변화하고 있기에 배움의 시기를 놓치게 되면 알지 못하는 것들이 더욱 많은 시대가 요즘 시대입니다. 많은 지식과 정보를 아랫사람들이 더 많이 알 수도 있는 시대이기도 합니다.

사회 조직 속에서 리더는 부하들이 가진 지식과 재능을 최대한 발휘할 수 있게 만들어주고 그들과 함께 발전할 수 있어야 합니다.

부하들에게 모르는 것을 묻는 상사의 모습은 부끄러운 모습이 아닙니다. 도리어 부하들이 그런 배움의 자세를 가지고 있는 상사의 모습을 더 존경할 수도 있습니다.

질문을 통해 앎은 완성됩니다. 모르는 것에 대해 묻는 것을 부끄럽지 않게 생각하는 이가 진정으로 배우기를 좋아하는 사람입니다. 모르면서 아는 체하는 이가 더 부끄러운 사람입니다.

子貢問曰 孔文子何以謂之文也 子曰 敏而好學 不恥下問 是以謂之文也
자 공 문 왈 공 문 자 하 이 위 지 문 야 자 왈 민 이 호 학 불 치 하 문 시 이 위 지 문 야

15

세상의 모든 이가 나의 스승이다

세 사람이 함께 길을 가면 거기에는 반드시 나의 스승이 있다.
그 가운데 나보다 나은 사람의 좋은 점을 골라 그것을 따르고,
나보다 못한 사람의 좋지 않은 점을 골라 그것을 바로잡는다.
_《논어》

• • •

세 사람이 함께 길을 걸어갑니다. 그중 한 사람은 나보다 나은 사람이고, 다른 한 사람은 나보다 못한 사람이며, 나머지 한 사람은 나 자신입니다. 세상은 혼자 살 수 없습니다. 사람들과 어울려 살아가는 것입니다. 세상일이 마음대로 안되는 이유는 아마도 인간관계가 생각대로 안되어서 그럴 수 있습니다.

인생길에서 만나는 사람 중 한 사람은 좋은 사람이지만 다른 한 사람은 나쁜 사람일 수 있고, 모두 나쁜 사람일 수 있고, 모두 좋은 사람일 수도 있습니다. 함께 살아가는 사람을 내가 모두 결정할 수 없습니다. 다만 내가 결정할 수 있는 건 배움이라는 것입니다. 함께 가는 인생길에서 잘하는 사람을 보면 그 사람에게서

잘하는 점을 배우고 따라 하려고 노력하면 됩니다. 반면, 잘못하는 사람에게서는 잘못하는 점을 보고 나 자신을 경계하면 됩니다. 잘하는 사람을 보고 질투를 한다거나 잘못하는 사람을 험담하고 비웃으면 인간관계가 힘들어집니다.

같은 맥락으로《논어》〈이인편(里仁篇)〉은 말합니다.

'어진 행동을 보고는 그와 같아질 것을 생각하고, 어질지 못한 것을 보면 마음속으로 자신을 반성해야 한다(見賢思齊焉견현사제언 見不賢而內自省也견불현이내자성야).'

어진 사람과 같아지려는 생각은 멘토를 찾는 과정입니다. 어질지 못한 사람을 보면서 나에게 그런 나쁜 점이 없는지 스스로 성찰해야 합니다. '타자의 부정적 측면에서 가르침을 얻는다'는 뜻의 '반면교사(反面教師)' 역시 배움을 강조하는 표현입니다.

가장 중요한 것은 바로 '나'의 삶을 대하는 태도입니다. 나 자신이 먼저 좋은 점을 본받을 게 많은 사람이 되어야 합니다. 그런 다음 인생 멘토를 찾아서 배움을 평생토록 이어간다면 이보다 더 좋은 배움의 자세는 없습니다.

근사하게 원문 읽기

三人行 必有我師焉 擇其善者而從之 其不善者而改之
삼 인 행 필 유 아 사 언 택 기 선 자 이 종 지 기 불 선 자 이 개 지

16

즐기는 자를 이길 수 없다

어떤 사실을 아는 사람은 그것을 좋아하는 사람만 못하고,
좋아하는 사람은 즐기는 사람만 못하다.
_《논어》

• • •

위 글은 학문의 경지를 세 단계로 나누어 설명한 것입니다. 배움의 첫 단계는 알아가는 과정입니다. 알아가다 보면 좋아지게 되고 좋아지니 즐기게 되는 것입니다. 공부뿐만이 아니라 이 논리는 인생의 모든 면에서 적용할 수 있습니다. 알아가는 재미로 시작해서 좋아하고 즐기는 단계에 가면 최고의 만족감을 느끼며 행복감도 느끼게 됩니다. 특히 배움을 통해 즐거움을 맛보는 인생을 살 수 있다면 그 사람은 최선의 인생을 사는 것이라 말할 수 있습니다.

사실 '공부를 즐긴다'는 것은 쉬운 일이 아닙니다. 학창 시절부터 공부는 지겹고 하기 힘든 일로 경험하게 마련입니다. 하지만

공부를 즐기는 경지에 오르면 어떤 환경에서도 배움을 놓지 않는 사람이 됩니다. 이런 사람은 크고 작은 인생의 장애물을 배운 지식으로 잘 해결할 줄 아는 인물이 됩니다. 공부는 이런 맛에 하는 겁니다. 세상은 아는 만큼 보이기 때문에 배움이 삶에 적용되는 경험을 자주 해보는 사람일수록 배움에 열정을 다하게 되어 있습니다. 공자는 말했습니다.

"지혜로운 사람은 물을 좋아하고, 어진 사람은 산을 좋아하며, 지혜로운 사람은 동적이고, 어진 사람은 정적이며, 지혜로운 사람은 인생을 즐겁게 살고, 어진 사람은 인생을 길게 산다(知者樂水지자요수 仁者樂山인자요산 知者動지자동 仁者靜인자정 知者樂지자락 仁者壽인자수)."

지혜로운 사람이 인생을 즐겁게 산다고 합니다. '수(水)'는 강입니다. 하루도 쉬지 않고 계속 흐르는 물처럼 지혜도 끊임없이 생겨나고 그칠 줄 몰라야 합니다. 막힘없이 흐르는 강물처럼 사색의 자유로움에서 즐거움을 맛보는 인생, 그것이 더할 나위 없이 행복한 삶입니다.

知之者不如好之者 好之者不如樂之者
지 지 자 불 여 호 지 자 호 지 자 불 여 락 지 자

17

노력하는 사람이 천재를 이긴다

아예 배우지 않으면 몰라도 일단 배우기 시작했다면
능할 때까지 중도에 포기하지 말라.
아예 묻지 않으면 몰라도 일단 묻기 시작했다면
정확히 알 때까지 중도에 포기하지 말라.
아예 생각하지 않으면 몰라도 일단 생각하기 시작했다면
결과를 얻을 때까지 중도에 포기하지 말라.
아예 분별하지 않으면 몰라도 일단 분별하기 시작했다면
분명해질 때까지 중도에 포기하지 말라.
아예 행동하지 않으면 몰라도 일단 행동하기 시작했다면
독실해질 때까지 중도에 포기하지 말라.
다른 사람이 한 번에 능해지면 나는 백 번을 하고
다른 사람이 열 번에 능해지면 나는 천 번을 한다.
과연 이렇게 할 수 있다면 비록 어리석더라도 반드시 현명해지고,
비록 유약하더라도 반드시 강해진다.

_《중용》

• • •

노력 없이 무엇을 이룬 사람은 없습니다. 남이 한 번에 할 수 있
는 일을 백 번을 해야 할 수 있는 일이 있다면 집념과 끈기를 반
드시 지녀야 목표를 이룰 수 있습니다.

특별한 재능을 타고난 사람이 아니라면 우리는 이런 집념과 끈기를 반드시 가지고 있어야 합니다.

미국의 저널리스트 말콤 글래드웰은 《아웃라이어》에서 '작곡가, 야구 선수, 소설가, 스케이트 선수, 피아니스트, 체스 선수, 숙달된 범죄자 등 그밖에 어떤 분야에서든 연구를 거듭하면 할수록 이 수치를 확인할 수 있다. 1만 시간은 대략 하루 3시간, 일주일에 20시간씩 10년간 연습한 것과 같다. 어느 분야에서든 이보다 적은 시간을 연습해 세계 수준의 전문가가 탄생한 경우를 발견하지 못했다. 어쩌면 두뇌는 진정한 숙련자의 경지에 접어들기까지 그 정도의 시간을 요구하는지도 모른다'라고 말하며 '1만 시간의 법칙'을 강조합니다.

조선 후기 실학자 이덕무는 서얼 출신으로 가난하게 살았습니다. 어둡고 추운 작은 방에서 글을 읽어가며 글공부를 이어갑니다. 그는 정조가 실시한 서얼 우대정책을 통해 최초로 규장각 검서관이 됩니다. 검서관은 책을 필사하고 편찬, 교감하는 일을 맡은 직책입니다. 정규직이 아닌 잡직이었고 박봉이었지만 책에 관한 일이었기에 그는 만족합니다. 그렇게 그는 충분히 행복해하며 자신이 좋아하는 일을 만끽하고는 생을 마감합니다. 어려운 형편에서도 책을 읽고 또 읽어가며 노력한 결과였습니다.

쉽고 편하게 살고 싶은 현대인들은 노력의 결실 맛을 모를 수도 있습니다. 수백수천 번을 노력해서라도 이루고자 하는 일을 이루겠노라는 투철한 정신이 필요한 때입니다. 천재를 이기는 자는 노력하는 자입니다. 천재적인 재능을 가진 자를 이기는 자는 끝까지 완수한 사람입니다. 중간에 포기만 하지 않는다면 반드시 이뤄집니다.

근사하게 원문 읽기

有弗學 學之 弗能 弗措也 有弗問 問之 弗知 弗措也
유불학 학지 불능 불조야 유불문 문지 불지 불조야

有弗思 思之 弗得 弗措也 有弗辨 辨之 弗明 弗措也
유불사 사지 불득 불조야 유불변 변지 불명 불조야

有弗行 行之 弗篤 弗措也 人一能之 己百之 人十能之 己千之
유불행 행지 불독 불조야 인일능지 기백지 인십능지 기천지

果能此道矣 雖愚 必明 雖柔 必强
과능차도의 수우 필명 수유 필강

18

공부할 시간이 없는 것이 아니라 마음이 없는 것이다

오늘 배우지 않으면서 내일이 있다 하지 말고
올해에 배우지 않고 내년이 있다고 하지 말라.
해와 달은 가고, 세월은 나를 위해 멈춰주지 않네.
아!, 늙었다고 한탄한들 누구의 허물이겠는가?

《고문진보(古文眞寶)》

• • •

'사람은 언제나 좋을 수 없고, 아무리 아름다운 꽃도 백 일 동안 붉게 피어 있지 못한다.'

이 중국의 속담처럼 우리에게 허락된 세월은 영원하지 않습니다. 공부할 시간도 한없이 주어지지 않습니다.

공부를 못하는 사람들의 특징이 있는데, 그건 바로 미루기를 습관처럼 한다는 것입니다. 그들은 매번 '내일부터', '다음부터'를 입에 달고 삽니다. 시간이 있음에도 일단 미루고 봅니다. 절대 공부를 잘할 수 없습니다.

반면, 공부를 잘하는 사람들의 특징은 '바로', '즉시' 그 자리에서 실행에 옮깁니다. 시간은 한정되어 있다는 것을 알기 때문에 지금 당장 실행하는 것입니다.

'소년은 늙기 쉽고 학문은 이루기 어려우니, 작은 시간이라도 가벼이 여기지 말라. 못가의 봄풀이 꿈을 깨기도 전에 뜰 앞의 오동잎은 가을을 알리는구나(少年易老學難成소년이로학난성 一寸光陰不可輕일촌광음불가경 未覺池塘春草夢미각지당춘초몽 階前吾葉已秋聲계전오엽이추성).'

주희의 이 한시에서 알 수 있듯, 소년은 늙기 쉽고 세월은 절대 우리를 기다려주지 않습니다. 한 번 흘러간 시간은 돌이킬 수 없습니다. 공부할 틈이 없다고 말하는 사람은 시간이 생긴다 해도 공부를 하지 않습니다.

《대학》은 말합니다.

'마음이 없으면 보아도 보이지 않고, 들어도 들리지 않고, 먹어도 그 맛을 알지 못한다.'

시간이 없는 게 아니라 배우고자 하는 마음이 없는 것은 아닌지 진지하게 돌아봐야 합니다. 마음이 바로 서야 길이 보입니다. 마음만 있다면 못 이룰 것이 없습니다.

근사하게 원문 읽기

勿謂今日不學而有來日 勿謂今年不學而有來年
물 위 금 일 불 학 이 유 내 일 물 위 금 년 불 학 이 유 내 년

日月逝矣 歲不我延 嗚呼老矣 是誰之愆
일 월 서 의 세 불 아 연 오 호 노 의 시 수 지 건

19

사람이 먼저 되고 그 후에 배워라

젊은 사람은 집에 들어가면 부모님께 효성스럽고
밖으로 나가면 윗사람에게 공경스러우며,
언행이 근엄하고 믿음성이 있으며,
널리 여러 사람을 사랑하고 인을 가까이하되,
이렇게 하고도 남는 힘이 있으면 그 힘으로 글을 배우는 법이다.

_《논어》

• • •

사람됨이 갖추어지고 난 뒤에 진정한 공부를 하라는 글귀입니다. 어릴 적부터 공부를 강조하고 공부만 잘하면 모든 것을 허용하는 그런 세태를 꼬집고 있습니다.

부모님께 효도하고, 윗사람을 공경하며, 언행이 바르고 믿음이 있으며, 사람들을 사랑하고 좋은 사람들과 잘 지낸 후에 그렇게 하고도 남는 힘이 있으면 학문을 닦는 것입니다.

그런데 현대인들은 이와 정반대로 합니다. 학문이 최우선이 되어 효도도 성공하면 하겠다며 미루고, 웃어른을 공경하는 태도는 찾아보기 힘듭니다. 인간관계 맺음도 어진 사람을 가까이하기보다는 이득이 될 사람을 골라서 만남을 이어갑니다.

남는 힘 하나도 없이 공부와 성공에만 매달리며 인생을 삽니다. 얼마나 안타까운 현실입니까?

공부를 통해 얻는 성과를 무시할 수는 없는 것이 현시대이긴 합니다. 하지만 공부를 하되 사람됨의 공부도 함께 해야 합니다. 사람다운 사람이 리더가 되어야 합니다.

사람은 기계가 아닙니다. 인공지능처럼 지식만 있는 사람을 사회는 마냥 원하지 않습니다. 따뜻한 마음을 지닌 지혜로운 사람을 원합니다. 가정에서 식구들에게 아끼고 사랑해주는 사람이 사회에서 만난 사람들에게도 가족처럼 대합니다. 먼저 사람다운 사람이 되어야 합니다.

수천 년 전부터 공자는, 학문은 사람됨을 먼저 갖추고 난 뒤 여력이 남으면 하는 것임으로 가르쳤습니다. 현시대에 이런 정신은 반드시 본받아야 합니다. 사람이 먼저 되고 그 후에 배워도 늦지 않습니다.

근사하게 원문 읽기

弟子 入則孝 出則弟 謹而信 汎愛衆而親仁 行有餘力 則以學文
제자 입즉효 출즉제 근이신 범애중이친인 행유여력 즉이학문

20

배움을 대하는 네 가지 자세

나면서부터 아는 사람이 상급이고
배워서 아는 사람이 그다음이고
곤경에 처해서 배우는 사람은 또 그다음이며
곤경에 처해도 배우지 않으면 사람이 하급이 된다.

_《논어》

• • •

공자가 말하는 배움을 대하는 자세에는 네 가지가 있습니다.

첫째, 나면서부터 아는 사람입니다. 이 사람들은 성인(聖人)으로
세상만사를 배우지 않고도 아는 사람들입니다.

둘째, 배워서 아는 사람들입니다. 이 사람들은 평범한 사람이어
서 배우지 않으면 능력을 가질 수 없습니다. 그래서 배우고 노력
하는 것을 쉬지 않는 사람들입니다.

셋째, 곤궁해져서야 뒤늦게 배우는 사람들입니다. 배움의 필요
를 느끼지 못하고 배움이라는 것을 등한시하고 살다가 막상 곤궁
해지면 겨우 배우는 사람들입니다.

넷째, 곤궁해졌는데도 배우려 하지 않는 사람들입니다. 이들은

노력하지도 않고 걱정만 하고 핑계만 대면서 다른 사람 탓, 환경 탓, 하늘 탓만 하는 사람들입니다.

첫 번째 사람은 예외로 두고, 두 번째, 세 번째 사람은 배움을 그래도 하려고 하는 이들이니 세상을 살아가는 힘이 있을 것입니다. 문제는 바로 네 번째 부류의 사람입니다. 어떤 노력도 하지 않으려 하고 걱정과 핑계를 대면서 세상을 살아갑니다.

주위 사람들의 밝은 에너지까지도 사그라지게 하는 사람들입니다. 배우지 않는 사람들의 결말은 예상이 됩니다. 그들의 삶은 늘 최하등의 삶을 살 것입니다. 남의 굴림을 받고, 자존감은 바닥이며, 희망과 미래도 없이 근근이 살아가게 될 것입니다.

배움으로 곤궁함을 이겨낼 수 있습니다. 배움을 대하는 자세가 인생을 결정할 수 있다는 사실을 명심해야 합니다.

공자는 자신을 두고 말했습니다.

"나는 타고난 천재가 아니다. 그저 끊임없는 노력과 학습의 결과로 학문을 이룰 수 있었다."

공자가 산 당대의 사람들은 모두 그를 성인으로 생각했습니다. 그런 공자 자신은 '학이지지자(學而知之者)', 즉 배워서 아는 사람일 뿐이라고 겸손하게 말했습니다. 자신은 아는 것이 없고 지혜를 사랑하기에 끊임없이 배움을 추구한다고 했습니다.

성인이라고 추앙받는 공자조차도 배워서 아는 사람이라고 말했습니다. 하물며 평범한 현대인들은 더 자신의 부족함을 알고 부족함을 채워나가는 노력을 해야 하지 않을까요? 그 부족함은 바로 배움을 통해서 채울 수 있습니다.

　배움의 즐거움과 동시에 삶의 곤궁함도 함께 해결되는 삶의 깨달음이 있어야 합니다.

근사하게 원문 읽기

生而知之者上也 學而知之者次也
생 이 지 지 자 상 야　학 이 지 지 자 차 야

困而學之又其次也 困而不學 民斯爲下矣
곤 이 학 지 우 기 차 야　곤 이 불 학　민 사 위 하 의

03

긍정의 마음 유지하기

01

생활이 안정되어야 마음이 평온하다

일정한 생업이 없는데도 항상 바른 마음을
지닐 수 있는 사람은 선비만 가능합니다.
일반 백성은 경제적 안정이 없으면
일정한 마음을 가질 수가 없습니다.
백성들이 사는 방도는 일정한 생업이 있으면 일정한 마음이 있고,
일정한 생활이 없으면 일정한 마음이 없습니다.

_《맹자》

• • •

제나라 선왕이 맹자에게 백성을 잘 다스리고 나라를 부강하게
하는 방법을 알려달라고 청했습니다. 인(仁)에 의한 덕치(德治)를
주장하는 유학자 맹자는 백성들의 충성을 바란다면 먼저 그들에
게 안정된 생활 기반을 만들어주어야 한다고 강조했습니다.

백성들은 원래 순박한 사람들이지만, 일정한 생업이 없으면 바
른 마음을 갖기 힘듭니다. 바른 마음을 갖지 못한 백성들은 범죄
를 저지르고 형벌을 받게 됩니다. 맹자의 말은, 백성들의 충성을
요구하기 전에 백성들의 생활 안정을 최우선으로 마련해주는 것

이 나라가 부강하고 백성을 잘 다스리는 방법이라는 것입니다.

맹자는 백성들의 배를 채우는 것은 '항산(恒産)', 백성들의 도덕을 실천하는 것은 '항심(恒心)'이라고 정의합니다. 또 '사(士)'는 물질적 보상 없이도 도덕성을 유지할 수 있는 백성이며, '민(民)'은 물질적 보상 없이는 도덕성을 기대하기 힘든 백성이라고 정의합니다.

즉, '물질적 토대인 항산 없이도 도덕적 항심을 가질 수 있는 것은 선비만 가능하다. 백성들은 물질적 보상이 없다면 항심과 도덕심도 없다'는 것입니다.

물질적 보상도 없이 충성과 도덕을 요구하는 지도자 그리고 충성심을 보여주지 않는 사람들을 그물로 쳐서 형벌하는 지도자가 최악의 지도자라고 지적합니다.

배가 부르고 등이 따뜻해야 비로소 윤리와 도덕이 생깁니다. 마음의 안정은 기본적인 의식주가 해결되어야 유지될 수 있습니다. 먹고사는 것이 불안정하더라도 변치 않는 마음으로 도덕과 윤리를 지킬 수 있는 사람은 진정한 군자입니다.

하지만 보통 사람들은 이렇게 하기가 힘듭니다. 긍정적인 마음을 유지하며 부모를 봉양하고, 가족을 먹여 살리고, 생업을 종사할 수 있으려면 사람의 기본 도리는 다할 수 있도록 최소한의 여건을 만들어줘야 합니다. 생활이 안정되어야 마음의 평온을 유지할 수 있습니다.

국가뿐만이 아니라 가정 그리고 개인의 인생도 마찬가지 논리
입니다. 스스로 경제적 자립이 되어야 꿈을 꿀 수 있습니다. 완전
한 독립체가 되었을 때 꿈도 꿔지고 꿈을 향해 나아갈 수 있는 것
입니다.

의식주를 스스로 해결하는 문제가 먼저입니다. 그다음이 도덕
과 윤리 그리고 이상 실현입니다.

근사하게 원문 읽기

無恒産而有恒心者 唯士爲能 若民則無恒産 因無恒心
무 항 산 이 유 항 심 자 유 사 위 능 약 민 즉 무 항 산 인 무 항 심

民之爲道也 有恒産者有恒心 無恒産者無恒心
민 지 위 도 야 유 항 산 자 유 항 심 무 항 산 자 무 항 심

홀로 있을 때도 신중하라

감추어져 있는 것보다 더 잘 나타나는 것이 없고 드러나는 것이 없으니
그러므로 군자는 그 홀로 있을 때를 삼간다.

_〈중용〉

•••

남들이 보지 않는 곳에서도 더욱 잘 처신해야 군자입니다. 남
이 보지 않을 때 나 자신을 속이지 않는 것은 실천하기 어렵습니
다. 다른 사람들이 지켜보는 곳에서는 타인의 눈과 귀를 의식할
수밖에 없습니다. 그래서 더욱 조심하고 경계합니다. 그러나 홀
로 있을 때는 마음이 풀리고 느슨해집니다. 이런 까닭에 옛 선현
들은 혼자 있는 곳에서 더욱 삼가야 함을 익히 알고 있었습니다.

《해동소학(海東小學)》에 인용된 임권 선생의 인생 좌우명은 '홀로
있는 곳에서 자신을 속이지 말라(獨處毋自欺독처무자기)'였습니다. '무
자기(毋自欺)'가 '신독(愼獨)'입니다. 즉, 자기 자신을 속이지 않는
것이 홀로 있을 때 삼가라는 말과 같은 말입니다. 저 산속 깊은

곳, 아무도 없는 곳에 홀로 머물지라도 자신의 마음을 단단히 지키며 당당하게 살아야 합니다. 남들이 보는 곳에서는 남의 눈에 들기 위해서 온갖 노력을 다하다가 홀로 있을 때는 양심을 팔고 결심을 무너뜨리는 경우가 많습니다. 홀로 있는 곳에서 더욱 나를 속이지 않을 때 우리의 자존감은 상승합니다. 세상 사람을 모두 속일 수 있어도 나를 속일 수는 없습니다.

《중용》은 말합니다.

'감춘 것보다 잘 보이는 것이 없고, 작은 것보다 잘 드러나는 것이 없다. 그러므로 군자는 홀로 있는 데서 삼간다.'

이 구절을 마음속에 두고 일상생활을 한다면 사람들과 함께 있으면서도 흔들리지 않을 수 있습니다. 나에게 엄밀하고, 나에게 엄격하고, 나에게 솔직할 수 있는 이가 성공할 사람입니다. 나 자신을 신뢰하는 사람은 남을 신뢰합니다. 긍정에너지는 나를 사랑하는 마음에서 시작됩니다.

근사하게 원문 읽기

莫見乎隱 莫顯乎微 故 君子愼其獨也
막 현 호 은 막 현 호 미 고 군 자 신 기 독 야

03

마음의 윤택함을 추구하라

부는 집을 윤택하게 하고, 덕은 몸을 윤택하게 하니,
마음이 윤택해지면 몸도 살찌느니라.
그러므로 군자는 그 뜻을 정성스럽게 하느니라.

_《대학》

• • •

부(富)는 집안을 윤택하게 하고 안락한 삶을 살게 해줍니다. 하지만 아무리 부유하다고 해도 마음을 윤택하게 하고 행복한 삶을 보장할 수는 없습니다. 부유하게 살면서 마음이 넓고 몸이 편안한 것이 최고로 좋은 삶이지만, 둘 다 갖는다는 것은 결코 쉬운 일이 아닙니다.

《대학》은 '몸과 마음을 위해 품은 뜻을 성실하고 정성스럽게 해야 한다'고 가르쳐줍니다. 생각을 바르게 하고, 자기가 하는 일에 최선을 다하며, 자신을 돌아보고 성찰하는 것에 집중해야 몸이 윤택해지며 부가 저절로 따라온다고 재해석할 수 있습니다. 마음이 윤택해지면 몸도 살찌게 됩니다. 마음이 안정되어야 일을 효과적으로 최대한 끌어낼 수 있습니다.

마음의 윤택함은 욕심과 집착을 버릴 때 더욱 윤택해집니다. 《도덕경》은 말합니다.

'나의 사사로운 마음을 버리면 오히려 사사로운 성공을 이룰 수 있다(無私成私무사성사).'

나의 성공을 위해서는 사사로운 나의 마음과 의도를 버려야 한다는 것입니다. 마음을 비우고 열심히 하다 보면 어느새 성공의 지점에 와 있게 된다는 것입니다. 성공을 향해 의도적으로 노력했다기보다는 나를 비우고 지금의 일에 충실했을 뿐인데, 성공과 부를 얻게 된다는 철학이 담긴 말입니다.

마음의 윤택함은 욕심과 집착을 버리면 생깁니다. 윤택한 마음은 부와 건강을 가져다줍니다. 행복한 삶은 마음가짐에서부터 시작됩니다.

근사하게 원문 읽기

富潤屋 德潤身 心廣體胖 故 君子 必誠其意
부 윤 옥 덕 윤 신 심 광 체 반 고 군 자 필 성 기 의

04

낮은 자세로 겸손함을 드러내라

최상의 덕은 물과 같나니 물은 만물을 이롭게 하면서도 다투지 않고
뭇사람이 싫어하는 곳에 머문다. 그러므로 도에 가깝다.
몸은 땅처럼 낮은 곳에 거하고, 마음은 연못처럼 고요하며
행동에는 인자함이 있고, 말에는 믿음직스러움이 있으며
다스리는 것은 정의로우며, 일 처리는 능숙하며, 움직이는 것은 때에 맞는다.
오직 다투지 않으니, 그러므로 허물이 없다.

_《도덕경》

• • •

물은 만물을 이롭게 하면서도 다투지 않으며, 유연하며 자기를
비우고 고집을 세우지도 않습니다. 높은 곳을 싫어하고 낮은 곳
으로 흐르려 합니다. 그래서 노자는 최고의 선은 '물(水)'이라고
말합니다. 물은 부드럽습니다. 세상에서 가장 약하고 부드러운
것이 물입니다. 물이 모이면 큰 강이 되고 바다가 됩니다. 평소에
는 작고 하찮은 것처럼 보이지만 어느 순간 물은 상상할 수 없을
정도의 크고 위대한 힘을 지닌 자연물이 됩니다.

스스로 낮추면 세상이 그를 높입니다. 그 사람을 향해 인재들

이 모여듭니다. 작은 개울물이 바다가 됩니다. 물의 습성대로 인간이 따라 산다면 반드시 그 사람은 모든 사람의 존경을 받는 위대한 사람이 될 것입니다.

《소학(小學)》은 말합니다.

'평생토록 길을 양보해도 백 보에 지나지 않을 것이며, 평생토록 밭두렁을 양보해도 한 마지기를 잃지 않을 것이다.'

지금은 손해 보는 듯하지만, 멀리 보면 손해가 아니라 덕을 쌓는 일입니다.

〈마태오의 복음서〉는 말합니다.

'누구든지 자기를 높이는 사람은 낮아지고 자기를 낮추는 사람은 높아진다.'

물처럼 낮은 곳으로 흘러가야 하며 그곳에 머물기를 싫어하지 않는 사람에게는 허물이 없습니다. 그런 사람의 마음에는 평강이 있습니다.

근사하게 원문 읽기

上善若水 水善利萬物而不爭 處衆人之所惡 故幾於道
상 선 약 수 수 선 리 만 물 이 부 쟁 처 중 인 지 소 오 고 기 어 도

居善地 心善淵 與善仁 言善信 正善治 事善能 動善時 夫唯不爭 故無尤
거 선 지 심 선 연 여 선 인 언 선 신 정 선 치 사 선 능 동 선 시 부 유 부 쟁 고 무 우

05

무에서 유를 창조하는 긍정의 힘

순환 반복이 도의 운행이요, 겸허 유약이 도의 작용이다.
천하 만물은 유(有)에서 생겨나고, 유는 무(無)에서 생겨난다.

《도덕경》

• • •

노자가 도(道)의 본체는 천하 만물 생성과 변화, 발전의 근원임을 설명하는 구절입니다.

천하 만물의 조화는 도의 원리와 법칙에 근거하여 운행된 결과라고 봅니다. 세상 만물이 서로 대립하면서도 서로 보완하며 순환 반복의 법칙에 따라 도가 운행하고 있다고 봅니다. 겸허하면서도 유약한 방식으로 도는 세상에 작용되고 있으며, 부드럽고 약함이 굳세고 강함을 이길 수 있습니다. 세상에 존재하는 모든 사물은 결국 '없음'에서 시작되었습니다.

세상의 사물은 모두 변하고 발전하는 전제에서 시작됩니다. 겨울이 가면 봄이 오고, 밤이 지나면 아침이 오듯이 자연의 변화 속에서 유와 무의 상생이 있는 것을 봅니다. 사람의 삶도 마찬가지입니다. 지금 힘든 상황이라면 반드시 그 속에서 새로운 살아갈 길이 생기게 마련입니다.

제갈량은 무(無)에서 유(有)를 창출하며 2만 5천의 병력으로 조조의 80만 대군을 물리쳤습니다. 이것이 그 유명한 적벽대전입니다. 무기, 병력, 군량미가 조조에 비해 턱없이 부족했지만, 제갈량의 뛰어난 전략과 전술로 열세를 통쾌하게 극복했습니다. 특히, 빈 배를 적지에 보내 화살 10만 개를 확보하는 전략은 최고 중의 최고입니다.

2001년 동원증권(현 한국투자증권)은 이런 문구로 광고를 했습니다. '모두가 예스(YES)라고 답할 때, 노(NO)라고 말할 수 있는 사람! 모두가 노(NO)라고 답할 때, 예스(YES)라고 말할 수 있는 사람! 외쳐라.'

어려운 상황에서도 소신을 가지고 자기의 주장을 하며 꿋꿋하게 가야 할 길을 간다는 이미지가 뇌리에 새겨지는 문구입니다.

경기가 안 좋고 자본이 부족하여 신세 한탄만 해서는 해결되는 것이 없습니다. 도저히 방법이 없을 것 같은 상황 속에서도 답을 찾을 수 있어야 합니다. 어떻게 그 위기에서 벗어날지 치열하게 고민해야 합니다.

모든 것을 잃었다고 생각될 때가 가장 많이 얻을 기회일지도 모릅니다. 노자가 말한 무에서 유를 창조하는 때일지 모릅니다.

편안할 때보다 어렵고 힘들 때 더 좋은 대안들이 창조됩니다. 무에서 유를 창조해낼 수 있다는 긍정의 마인드만 있다면 너끈히 할 수 있습니다.

근사하게 원문 읽기

反者道之動 弱者道之用 天下萬物生於有 有生於無
반 자 도 지 동 약 자 도 지 용 천 하 만 물 생 어 유 유 생 어 무

역경의 끝은 반드시 있다

회오리바람이라도 아침나절을 넘기지 못하고,
소나기라도 하루 종일 내리지 못한다.

_《도덕경》

• • •

인생을 살다 보면 고난과 역경을 겪지 않는 사람이란 없습니다. 신분의 높고 낮음, 부유함과 가난함을 가리지 않고 모든 사람의 삶에는 고난과 역경이 있습니다. 영원할 것 같은 역경과 고난이지만 살다 보면 그 고통의 끝은 반드시 있습니다.

역경은 피하려 한다고 해서 피할 수 있는 것이 아닙니다. 다만 그 역경을 향해 당당하게 맞서 싸울 때 조금은 빨리 그 고통이 끝날 수도 있습니다.

《도덕경》은 말합니다.

'회오리바람이 심하게 불어도 아침나절 내내 계속해서 불 수 없고, 아무리 소나기가 내려도 하루 종일 내리지 않는다.'

거센 회오리바람이 불어와 온 세상을 뒤흔들어놓더라도 결국 아침나절이 지나면 바람은 그칩니다. 여름날 세찬 소나기가 내려 세상이 물에 잠길 것 같아도 그 비가 온종일 내리지 않는다는 말입니다.

예상하지 못한 어렵고 힘든 상황이 닥쳐오면 두려워하거나 조급해하지 말고, 마음의 여유를 갖고 바람과 비가 멎기를 기다려야 합니다. 결국 힘든 상황은 시간이 지나면 좋아집니다. 시간이 약이 되듯이 지나가게 두면 언제 그랬냐는 듯 반전됩니다.

노나라에 죄를 지어 다리가 잘린 왕태라는 사람이 있었습니다. 그런 그의 문하로 이상할 만큼 많은 사람이 제자가 되고자 모여들었는데 그 수가 공자의 제자 수와 같았습니다.

이 광경을 본 제자 상계가 왜 그런지 궁금하여 스승 공자에게 물었습니다. 이에 공자가 답했습니다.

"사람은 흐르는 물을 거울삼지 않고, 고요하게 멈춘 물을 거울로 삼는다(人莫鑑於流水인막감어유수 而鑑於止水이감어지수). 오직 멈춘 것만이 멈추기를 바라는 모든 사람을 멈추게 할 수 있다."

거울삼을 고요하게 멈춘 물은 비록 몸이 온전하지 못할지라도 흔들림 없이 천명을 지키며 살아가는 왕태를 빗댄 것인데, 그가 명경지수(明鏡止水) 같은 깨끗한 마음, 빈 마음의 소유자이기 때문이라는 것입니다.

힘든 시기엔 일단 멈추는 것도 하나의 방법입니다. 멈춰야 생각할 수 있고, 생각해야 얻을 수 있습니다. 역경이 다가왔을 때 직접 부딪쳐 극복하는 것이 능사는 아닙니다. 때로는 마음을 비우고 기다려야 합니다.

세상의 그 어떤 어려움과 고난도 결국 끝은 있습니다.

근사하게 원문 읽기

飄風不終朝 驟雨不終日
표 풍 부 종 조 취 우 부 종 일

07

큰 임무를 맡길 때 주는 역경 네 가지

첫째, 그 사람의 마음과 뜻을 고통스럽게 한다.
둘째, 그 사람의 뼈와 근육을 수고롭게 한다.
셋째, 그 사람의 몸과 피부를 굶주리게 한다.
넷째, 그 사람의 신세를 궁핍하게 한다.

_《맹자》

• • •

맹자는 '천강대임(天降大任)' 이론을 네 가지로 설명을 합니다. 하늘이 어떤 사람을 선택하여 큰 임무를 맡길 때 반드시 역경과 시련을 먼저 주어 시험한다는 이론입니다.

하늘은 어떤 사람에게 큰 임무를 내리기 전에 먼저 마음과 뜻을 고통스럽게 하고, 배를 굶주리게 하여 몸을 힘들게 만들며, 신세를 궁핍하게 하여 시련과 역경을 모두 견뎌낸 사람에게 비로소 큰 임무를 내린다는 것이 맹자의 의견입니다.

시련을 통해 사람의 마음을 단련시키고 타고난 본성을 회복시켜, 가지고 있는 능력을 모두 발휘할 수 있도록 만들어놓는 겁니다. 하늘의 이 깊은 뜻을 안다면 우리에게 닥친 궁핍과 어려움은 오히려 나를 성장시키기 위한 단련의 과정으로 받아들일 수 있습니다.

역사적으로 역경을 딛고 성공한 사람들은 모두 이 심오한 하늘의 뜻을 알고 있던 이들입니다. 어떤 어려움에도 흔들리지 않고 무너지지 않고, 주어진 임무를 묵묵히 수행했기에 위대한 인물이 된 것입니다.

역경은 재앙이 아니라 오히려 하늘이 주는 선물일 수도 있습니다. 지금의 마음과 몸의 고통은 더 큰 선물을 받기 위한 과정일 뿐입니다. 역경을 잘 견뎌내기만 하면 됩니다. 고난을 생각하는 마음가짐에 따라 결과는 완전히 달라집니다.

제갈량이 사마의의 군대를 화공(火攻)으로 궤멸시키려 하는 순간 하늘에서 비가 쏟아져 실패하게 됩니다. 그때 제갈량은 말합니다.

"일을 꾸미는 것은 사람이지만 일을 성공시키는 것은 하늘에 달려 있다."

사람으로서 할 수 있는 바를 다한 후 하늘의 뜻을 기다려야 한다는 말로 해석됩니다. 하지만 하늘의 뜻을 기다리기 전에 먼저 자기 일에 최선을 다해야 합니다. 완벽하게 일을 계획하고 최선을 다해서 일을 다 한 후 하늘의 뜻을 당당하게 기다립니다.

역경과 고난을 대하는 자세도 이와 비슷하게 닥쳐온 역경을 당당하게 겪고 그 후 하늘이 주는 소임을 받아들이면 됩니다.

우리가 명심해야 할 것은 하늘은 아무에게나 큰 임무를 주지 않는다는 사실입니다. 큰 임무는 그 임무를 맡아 감당이 될 만한 사람에게만 줍니다. 마음의 아픔과 육신의 고통은 더 큰 내가 되기 위한 과정임을 기억하고 견뎌내면 반드시 하늘이 크게 사용합니다.

근사하게 원문 읽기

苦其心志 勞其筋骨 餓其體膚 空乏其身
고 기 심 지 노 기 근 골 아 기 체 부 공 핍 기 신

08

칭찬, 비난에 연연하지 말고 인생길을 가라

생각지도 못했던 칭찬(영예)이 있을 수 있고
온전하기를 노력했음에도 비난이 있을 수 있다.

_《맹자》

● ● ●

전혀 생각하지도 않던 칭찬과 명예가 있을 수 있습니다. 예컨대 내가 한 행동이 작은 선행에 불과한데 실제보다 과장되어 언론에 대서특필이 되는 경우입니다. 이와는 반대로 내가 온전하게 살았음에도 비난과 훼방이 있을 수 있습니다. 이 경우는 매우 억울한 경우입니다. 근거도 없는 비난과 허황된 비방으로 고통받게 됩니다. 이렇듯 칭찬과 비난이 내 의지대로 되는 것이 아닐 수 있습니다. 그렇기에 어떤 칭찬과 비난에도 마음이 들뜨거나 상처를 입지 않도록 마음 수양을 해야 합니다.

의도치 않은 칭찬과 예상치 못한 비방. 어쩌면 칭찬과 비난은 실제 사실과는 별로 상관없는 일일 수도 있습니다. 그렇기에 누

147

구에게 비난받거나 칭찬을 듣더라도 그것을 완전한 사실로 받아들여서도 안 됩니다.

예기치 않은 칭찬을 받는다고 너무 우쭐할 것도 아니고, 생각지 못한 비난을 받는다고 너무 속상해할 것도 아닙니다. 칭찬과 비난에 연연하지 말고 묵묵히 내 인생의 길을 가면 그만입니다.

생각지 못한 비난을 받으면 분노가 생깁니다. 분노를 잘 다스리지 못하면 더 큰 근심을 갖게 됩니다.

《명심보감》은 말합니다.

'한때의 분함을 참으면 백날의 근심을 면한다(忍一時之忿인일시지분免百日之憂면백일지우).'

분노를 잘 다스려야 합니다. 분노는 순간적인 감정입니다. 순간의 분노를 참지 못하고 발산하면 두고두고 후환이 남습니다. 예상치 못한 칭찬보다 근거도 없는 비방에 더 예민하게 반응하며 분노할 수 있습니다. 칭찬과 비난에 일희일비(一喜一悲)하지 말고 무소의 뿔처럼 본인의 인생길을 가면 됩니다.

근사하게 원문 읽기

有不虞之譽 有求全之毀
유 불 우 지 예 유 구 전 지 훼

우물 파는 일을 중도에 포기하지 말라

어떤 목표를 세워 그 일을 완수하려고 하는 것은
비유하면 우물을 파는 것과 같다.
우물을 아홉 길이나 깊이 팠더라도 샘을 발견하지 못했다면
그것은 오히려 우물 파는 것을 애초부터 포기한 것이나 마찬가지다.

_《맹자》

• • •

위의 글은 어떤 목표를 세우고 그 목표를 달성해나가는 노력을
'우물 파는 일'에 비유한 것입니다.

우물을 아무리 깊게 팠더라도 샘을 만나지 못하고 중도에 그만
둔다면, 이는 우물을 전혀 파지 않은 것이나 다름없습니다. 결국,
끝을 보지 못하면 애초에 시도조차도 하지 않는 것과 마찬가지입
니다.

우리는 꿈을 가지고 그 꿈을 이루기 위해서 최선을 다합니다.
하지만 현실에서는 꿈을 이룬 사람과 꿈을 이루지 못한 사람으로
구분이 됩니다. 정말 최선을 다했는지 다시 생각해봐야 합니다.

피겨 여제 김연아는 우리나라는 물론 세계 피겨스케이팅 역사

에서도 빼놓을 수 없는 독보적인 인물로, 그녀의 엄청난 기술과 예술성은 지금까지도 회자됩니다.

명실상부한 레전드가 되기까지 그녀의 노력은 상상을 초월했습니다. 그녀는 만족스러운 점프 하나를 완성하기 위해서 3천 번의 점프를 했다고 합니다. 모두가 그만하면 됐다고 말해도 본인이 만족할 때까지 계속 반복하는 지독한 연습벌레였습니다. 한 인터뷰에서 그녀는 말했습니다.

"99℃까지 죽을힘을 다하여 온도를 올려두어도 마지막 1℃를 넘기지 못하면 물은 영원히 끓지 않습니다. 물 끓는 것은 마지막 1℃, 포기하고 싶은 바로 그 1분을 참아 내서 지금의 나를 만들었습니다."

일단 마음을 먹었다면 포기하지 말아야 합니다. 우물을 파는데 물이 안 나온다? 그러면 포기하지 말고 더 깊이 파야 합니다. 우물을 파다가 중도에 포기하면 아예 파지 않은 것과 마찬가지임을 명심하세요.

해마다 연말이면 다음 한 해 계획을 세웁니다. 그렇게 또 연말이 되면 과연 계획한 일을 이룬 사람이 얼마나 될까요? 김연아 선수가 말했듯, 99℃까지 갔다가 1℃ 때문에 모든 것이 없던 일이 되지 않도록 목표한 일에 최선을 다하는 태도가 중요합니다. 중간에 포기하지 않고 최종목표를 향해 매일 리허설하듯 살아간다면 이루지 못할 목표는 없습니다.

사실, 우물을 파야겠다는 계획조차 없는 사람도 많습니다. 일단 일의 성공 여부와 관계없이 의미 있는 계획을 세운 것에 자부심을 가지고 목표를 이룰 때까지 자기 자신을 무시하지 않고, 자신이 능력 없는 사람이라며 중도에 포기하지만 않는다면 무엇이든 이룰 수 있습니다.

근사하게 원문 읽기

有爲者 譬若掘井 掘井九軔而不及泉 猶爲棄井也
유 위 자 비 약 굴 정 굴 정 구 인 이 불 급 천 유 위 기 정 야

10

가슴속에 뜨거운 열정을 품고 있는가?

안회의 사람됨이 중용의 인생을 선택하여
살다가 좋은 생각을 하나 얻으면
가슴에 꽉 붙여, 그것을 잃지 않았다.
_《중용》

• • •

위의 글은 공자가 제자 안회를 평가한 것입니다.

공자는 안회를 수제자로 여겼습니다. 사실, 공자는 안회를 우둔한 사람으로 생각했는데 그의 행실을 보고 생각을 고칩니다.

한 그릇의 밥과 한 표주박의 마실 것으로 누추한 골목에서 살며 안빈낙도(安貧樂道)의 삶을 실천하며 산 제자가 바로 안회였습니다.

안회는 공자보다 먼저 죽습니다. 안회가 41세 젊은 나이로 죽었을 때 상심한 공자는 통곡을 합니다. 그런 애제자 안회를 놓고 공자는《중용》에서 안회의 가장 큰 재능은 '권권복응(拳拳服膺)'이라고 말합니다.

'진심으로 마음속 깊이 새기고 따른다.'

공자는 안회를 중용의 인생을 살다가 정말 가슴속에 와닿는 깨달음이나 인생의 맛을 느끼는 순간 그 깨달음과 인생의 맛을 잊지 않으려고 가슴속 깊이 간직하며 산 사람이라고 평가합니다.

하루하루 흘러가는 대로 사는 것이 아니라 가슴 속에 하나쯤은 뜨거운 생의 의미와 꿈을 간직한 채 사는 인생이 진정으로 값지다고 말할 수 있습니다.

생각만 해도 가슴을 뜨겁게 하는 꿈이 있습니까? 당신 안의 열정을 깨우고, 에너지를 솟구치게 하며, 마음속 깊이 꼭 붙잡아두고 싶은 일이 있습니까?

이런 열정과 꿈이 삶의 진정한 에너지입니다. 마르지 않는 샘물과도 같습니다. 꿈이 있는 사람은 지치지 않습니다. 실패해도 다시 일어설 힘이 있습니다.

〈장가행(長歌行)〉은 노래합니다.

'가을 오는 것은 항상 두렵다. 꽃은 지고 잎은 시듦이라. 시냇물은 흘러 동쪽 바다로 가나니, 언제나 다시 돌아올까. 젊어서 노력하지 않으면 늙어서는 오직 상심과 슬픔뿐이다.'

〈장가행〉은 시간의 덧없음, 청춘의 소중함 그리고 인생을 아끼고 힘껏 살아가야 한다고 절실히 말합니다.

젊을 때 시작하지 않으면, 늙었을 때 후회는 더 깊어집니다. 자기 자신을 믿고 어떤 고난과 역경에도 굴복하지 않으며, 가슴속에 꽉 붙잡고 싶은 깨달음이나 사람이나 꿈이 있다면 안회처럼 붙잡고 잃어버리지 말아야 합니다.

가슴속에 뜨거운 열정 하나 정도는 품고 사세요. 나를 움직이는 에너지는 여기에서 나옵니다.

근사하게 원문 읽기

回之爲人也 擇乎中庸 得一善 則拳拳服膺而弗失之矣
회 지 위 인 야 택 호 중 용 득 일 선 즉 권 권 복 응 이 불 실 지 의

11

마음을 좋은 것으로 채워야 한다

마음이 안정되면 그 말이 신중하고 여유가 있고,
마음이 안정되지 못하면 그 말이 속되고 급하다.

《근사록(近思錄)》

• • •

다른 사람이 하는 말을 듣고 그 사람을 평가합니다. 말이 사람의 마음을 대변해줍니다. 마음에 있는 것은 모두 말로 표현될 수 있습니다.

말은 마음이 조급하면 급하고 속되게 나옵니다. 반대로 마음이 안정되면 상대까지 배려해줄 말을 할 수 있습니다. 따라서 마음을 안정되게 만드는 것이 중요합니다.

《맹자》는 말합니다.

'마음을 기르는 데 욕심을 줄이는 것보다 더 좋은 것은 없다. 욕심을 줄인다면 설사 선한 본능을 보존하지 못한 것이 있더라도 적을 것이고, 욕심이 많다면 선한 본능을 보존한 것이 있다 하더

라도 적을 것이다.'

이는 한마디로 마음을 안정되게 하려면 지나친 욕심을 줄여야 한다는 경고입니다.

남보다 더 앞서려는 욕심에 말이 속되고 급해지는 것은 인지상정입니다. 다른 사람을 누르고 대화를 주도하려는 욕심, 무시당하지 않으려고 더 큰 소리로 제압하려는 말, 나를 내세우기 위해 혈안이 되어 있는 표정들이 모두 말을 안정적이고 편안하게 할 수 없게 만드는 원인입니다. 이런 갈급함과 불안정한 마음이 말에 그대로 드러나게 되어, 대화가 자연스럽지 못하고 불편해지게 마련입니다.

신중하면서도 편안하게 말할 수 있도록 노력해야 합니다. 그러기 위해서는 마음을 좋은 것들로 채워야 합니다. 마음이 안정되고 말도 안정되면 아름답게 들립니다.

공자에게 제자 사마우가 인(仁)에 대해 물었습니다. 이에 공자가 답했습니다.

"말을 참아 신중하게 하는 것이다."

사마우는 말이 많고 성격이 급한 제자였습니다. 공자는 특별히 그 결점을 지적하고 싶어서 이렇게 대답한 것입니다.

'말(言)'은 곧 자기 자신입니다. 말로 사랑도 줄 수 있고 상처도 줄 수 있습니다.

말이 예의에 어긋나거나, 오히려 지켜야 할 근본 도리마저 비난하고 외면하는 사람과는 대화를 나눌 수 없습니다. 그런 사람과는 함께 일을 도모하지도 말아야 합니다.

마음에도 없는 말을 하지 말고, 마음에 좋은 것을 채워서 좋은 말을 많이 하고 살아야 합니다.

근사하게 원문 읽기

心定者 其言重以舒 不定者 其言輕以疾
심 정 자 기 언 중 이 서 부 정 자 기 언 경 이 질

12

마음이 없으면 보아도 보이지 않는다

이른바 수신(修身)은 그 마음을 바르게 하는 데 달려 있다고 하는 이유는
몸에 분노하는 바가 있으면 그 바름을 얻지 못하고,
두려워하는 바가 있으면 그 바름을 얻지 못하고,
좋아하고 즐거워하는 바가 있으면 그 바름을 얻지 못하고,
근심하는 바가 있으면 그 바름을 얻지 못하기 때문이다.
마음에 있지 않으면 보아도 보이지 않고, 들어도 들리지 않고,
먹어도 그 맛을 모른다.
이것을 일러 수신은 그 마음을 바르게 하는 데 달려 있다고 하는 것이다.

_《대학》

• • •

《대학》의 핵심 내용인 팔조목의 순서는 다음과 같습니다.

'격물(格物) → 치지(致知) → 성의(誠意) → 정심(正心) → 수신(修
身) → 제가(齊家) → 치국(治國) → 평천하(平天下).'

위의 글은 '정심', 즉 '바른 마음'에 대한 것입니다.

'수신'을 하려면 먼저 바르고 곧은 마음을 가지는 것이 중요합
니다. 바른 마음이 없으면 뭔가를 보아도 제대로 보이지 않습니
다. 무슨 말을 들어도 제대로 들리지 않습니다. 뭔가 맛있는 음식

을 먹어도 그 참맛을 느낄 수 없습니다. 우리의 몸은 결국 마음 상태에 따라 좌우된다는 사실을 잊지 말아야 합니다.

생텍쥐페리의 《어린 왕자》에는 이런 장면이 나옵니다.

사막에서 만난 여우는 어린 왕자에게 마음의 눈을 열고 보는 방법에 대해 말해줍니다.

"내 비밀은 이거야. 그것은 아주 간단해. 오로지 마음으로 보아야만 잘 보인다는 거야. 가장 중요한 건 눈으로 보이지 않아."

어린 왕자는 별에 홀로 남겨두고 온 장미꽃을 떠올립니다. 그러고는 장미꽃과 함께한 모든 순간이 소중하다는 사실을 깨닫게 됩니다.

장미꽃이 찔러대는 가시가 싫어서 떠나왔는데, 이제는 마음으로 눈을 뜨니 자신이 얼마나 장미꽃을 사랑하고 있었는지를 깨달은 것입니다.

마음이 없을 때는 보이지 않았던 것들이 마음의 눈을 뜨면 보이게 됩니다. 세상 사는 이치가 바로 이것입니다. 내 마음을 어디에 두느냐에 따라 세상이 보입니다.

세상에서 가장 귀한 '금'은 세 가지라고 합니다.

'황금, 소금 그리고 지금!'

우리는 이미 지나버린 과거도 아니고, 아직 다가올 미래도 아닌, 현재 '지금'에 집중하며 바른 마음가짐으로 살아가야 합니다.

그러면 수신이 저절로 될 것이며, 제가와 치국평천하 또한 가능해질 것입니다.

마음이 있어야 세상의 이치가 보입니다. 마음이 없으면 보아도 보이지 않습니다.

所謂修身在正其心者 身有所忿則不得其正 有所恐懼則不得其正
소 위 수 신 재 정 기 심 자 신 유 소 분 즉 부 득 기 정 유 소 공 구 즉 부 득 기 정

有所好樂則不得其正 有所憂患則不得其正 心不在焉 視而不見
유 소 호 락 즉 부 득 기 정 유 소 우 환 즉 부 득 기 정 심 부 재 언 시 이 불 견

聽而不聞 食而不知其味 此謂修身在正其心
청 이 불 견 식 이 부 지 기 미 차 위 수 신 재 정 기 심

위기에서도 즐거울 수 있는 비결

물 위를 가면서 교룡을 두려워하지 않는 것은 어부의 용기이고
육지를 여행하면서 외뿔소와 호랑이를
두려워하지 않는 것은 사냥꾼의 용기이고
칼날이 눈앞에서 교차하는 전투에 직면하고서도 죽음을 삶처럼 보아
조금도 두려워하지 않는 것이 열사의 용기다.
곤궁에는 운명이 있음을 알고, 형통에는 때가 있음을 알고
큰 어려움에 처해도 두려워하지 않는 것이 성인의 용기다.

_《장자》

• • •

공자가 위나라에서 광(匡) 지역을 지날 때 송나라 사람들이 공자를 외모가 비슷한 도적 양호로 오인하여 겹겹으로 포위했습니다. 그런데 그런 위기 중에도 공자가 태연히 거문고를 연주하는 것을 보고 제자 자로가 어떻게 그럴 수 있는지 이유를 묻습니다. 위의 글은 그에 대한 답입니다.

공자는 어부의 용기, 사냥꾼의 용기, 열사의 용기와 더불어 곤궁에는 운명이 있음을 알고, 형통할 때도 때가 있음을 알고, 큰 어려움에 처해서도 두려워하지 않는 성인의 용기에 대해 말해줍니

다. 위기도 형통할 때도 묵묵히 때를 기다릴 수 있다면 어떤 고난을 이길 수 있다고 말하고 있는 겁니다. 어려움 속에서 두려워하지 않고 조용히 때를 기다릴 줄 아는 것이 진정한 용기이며 이럴때 고난을 극복할 힘이 생긴다고 자로에게 가르침을 줍니다.

실제로 광 지역 사람들은 흉악한 양호는 저럴 수 없다고 여겨 포위를 풀어 사과했고 오히려 공자에게 도움을 줍니다.

급할수록 돌아가야 합니다. 위기가 닥치면 더 침착하게 대응해야 합니다. 급히 무언가를 하려 하면 오히려 더 사달이 납니다. 마음을 잠잠히 가라앉히고 운명을 그대로 받아들이면 됩니다.

공자가 위기에서 침착할 수 있었던 것은 이미 정해진 운명을 받아들였기 때문입니다. 위기에 강한 이가 진정한 용자입니다. 곤궁에도 운명이 있고, 형통할 때도 때가 있음을 알고 의연한 자세로 긍정하며 살아간다면, 그 어떤 어려움에 빠져도 큰 두려움 없이 잘 해결해 나아갈 수 있습니다.

근사하게 원문 읽기

水行 不避蛟龍者 漁父之勇也 陸行 不避兕虎者 獵夫之也
수 행 불 피 교 룡 자 어 부 지 용 야 육 행 불 피 시 호 자 엽 부 지 야

白刃 交於前 視死若生者 烈士之勇也 知窮之有命 知通之有時
백 인 교 어 전 시 사 약 생 자 열 사 지 용 야 지 궁 지 유 명 지 통 지 유 시

臨大難而不懼者 聖人之勇也
임 대 난 이 불 구 자 성 인 지 용 야

14

마음가짐이 절실하면 반드시 이뤄진다

덕(德)의 지혜와 기술의 지혜가 있는 사람은
항상 질병에 걸린 것처럼 어려운 시련 가운데에 있다.
임금의 눈에 들지 않은 신하와 서자로 태어난 사람은
그들의 마음가짐이 절실할 수밖에 없고
그 어려움을 극복하는 생각이 깊을 수밖에 없다.
그러므로 그런 사람들은 남보다 뛰어난 사람이 되는 것이다.

_《맹자》

• • •

맹자는 '어렵고 힘든 상황을 잘 견뎌내면 오히려 사리(事理)에 통달하는 위대한 인물이 될 수 있다'고 강조합니다. 맹자가 구체적으로 언급한 '고신얼자(孤臣孽子)'는 '임금에게 외면당한 외로운 신하와 천민 출신 어머니와 양반인 아버지 사이에서 태어난 얼자'를 말합니다. 이들은 그 누구보다 큰 사람이 될 수 있다고 말합니다. 그 이유는 남보다 어렵고 힘든 환경에 처해 있으니 오히려 마음가짐과 생각이 남다르며 성공의 열망이 남보다 몇 배는 더 있는 사람이라고 여긴 것이죠.

꽃은 가장 절박할 때 가장 화려하게 핀다고 합니다. 꽃들은 꽃을 피우기 어려운 환경일 때 꽃을 피우고 열매를 맺게 됩니다. 사람의 인생도 마찬가지입니다. 역사적으로 위대한 사람들이 큰 역경을 만났을 때 굴하지 않고 용기 있게 극복했기에 지금의 위인이 될 수 있었습니다.

삼성의 고(故) 이병철 회장의 명언 중 '좌절을 겪어야 큰 그릇이 된다'라는 말이 있습니다. 세상을 살아가는 데 뜻하지 않은 불행이 찾아오는 경우가 많습니다. 지난날의 불행을 잊지 않고 거울삼는 것이 오늘의 행복에 도취되는 것보다도 몇 곱 더 중요합니다.

'진흙은 좋은 흙도 아니다. 하지만 이런 진흙의 양이 많으면 많을수록 큰 불상을 만들 수 있다. 물이 늘고 파도가 거칠어지면 위험하지만, 그 대신 배는 그만큼 높이 올라앉는다(泥多佛大이다불대 水長船高수장선고).'

이 말을 곱씹어야 합니다. 임금의 총애를 받지 못하고 멀리 유배되어 조정에서 소외된 신하의 마음엔 하루빨리 임금의 총애를 다시 받을 생각으로 열심히 노력하며 방법을 찾을 것입니다. 얼자는 어머니가 천민 노비여서 관직을 갖기가 어렵습니다. 양인이나 양반 대접은 꿈도 꾸지 못하는 신분입니다. 부모의 사랑도 많이 받지 못했을 것입니다. 남보다 어렵고 힘든 환경에 처한 사람의 마음엔 포기하는 마음과 어려움을 극복하고자 하는 마음으로 나눌 수 있습니다.

위대한 사람은 역경을 극복한 사람입니다. 어려운 환경과 처지에 낙담하지 않고, 고난이 나를 더욱 강하게 만들 수 있다는 기회라고 생각해야 합니다. 마음가짐을 절실하게 가지고 그 어느 때보다 더욱 분발하고 깊이 생각하다 보면 반드시 이루고자 하는 것을 이룰 수 있습니다. 역경 속에서 실망하지 않고 포기하지 않는 긍정의 마음만 있다면 이루지 못할 일은 없습니다.

근사하게 원문 읽기

人之有德慧術知者 恒存乎疢疾 獨孤臣孼子 其操心也危 其慮患也深 故達
인 지 유 덕 혜 술 지 자 항 존 호 진 질 독 고 신 얼 자 기 조 심 야 위 기 려 환 야 심 고 달

15

흙먼지를 일으키며 다시 돌아오라

이기고 지는 것은 병가에서 기약할 수 없는 것,
부끄러움을 가슴에 안고 치욕을 참는 것이 진짜 사내다.
강동의 자제들 중 준걸도 많은데,
흙먼지 휘날리며 다시 올 것을 어이 깨닫지 못했는가?

_〈제오강정(題烏江亭)〉

●●●

위의 글은 당나라 시인 두목이 항우가 마지막 숨을 거둔 오강
을 지나면서 지은 한시 〈제오강정〉입니다. 항우가 역사의 패배자
로 남은 것을 아쉬워하며 지은 작품이지요.

초나라의 항우와 한나라의 유방의 대결은 《초한지(楚漢志)》에
잘 나와 있습니다. 《초한지》는 항우의 패배 이유를 다각도로 밝
혀놓습니다.

항우는 승리에 대한 분명한 전략도 없이 무리하게 군대를 운용
했고, 전쟁에서 거둔 성과와 이익을 장졸들과 공정하게 나누지도
않았습니다. 또한 감정 기복이 심해 순간적인 분노나 기분에 따
라 무리한 결정과 판단을 자주 내렸습니다.

《초한지》는 그 결과 병력과 물자 면에서는 확실한 우세를 가지고 있었음에도 전투에서 연이어 패배했다고 기록하고 있습니다.

항우는 마지막 해하성 전투에서 유방의 신하 한신의 계략으로 사면초가(四面楚歌)의 상황에 빠져 결국 사랑하는 여인 우미인과 서른한 살의 나이로 인생을 마감하게 됩니다.

그때 죽음을 선택하지 말고 분노와 수치를 참고 다시 힘을 길러 새로운 기회를 모색했더라면 어땠을지, 그 안타까움을 두목이 '권토중래(捲土重來)'로 표현합니다.

'흙먼지를 일으키며 다시 돌아온다.'

이 말은 어떤 일에 실패했으나 힘을 축적하여 다시 일에 착수하는 것을 뜻합니다.

한평생 살아가면서 항우 같은 처지에 놓이지 않는 사람이 있을까요? 잠시의 치욕과 분노를 참고 훗날을 기약하며 희망을 잃지 말아야 하는 때가 있습니다. 포기하지 않는다면 반드시 기회는 옵니다.

상대방에게 최고의 복수는 다시 일어나서 재기하는 모습을 보여주는 것입니다. 영화나 소설에서도 관객이나 독자가 가장 희열을 느끼는 장면은 주인공이 어떤 어려움에도 굴하지 않고 끝까지 악당과 싸워서 이겨내고 결국 승리하는 장면입니다.

우리의 인생도 그렇습니다. 포기하지 않고 흙먼지를 일으키며 다시 돌아왔을 때 모두의 응원을 받을 것이며, 하늘의 기운까지도 받게 될 것입니다.

제일 중요한 것은 자신을 되찾는 자신감입니다. 패배를 견디고 다시 일어나는 것이 성공하는 인생의 자세입니다. 희망은 절망을 반드시 이깁니다.

勝敗不可兵家期 包羞忍恥是男兒 江東子弟多才俊 捲土重來未可知
승 패 불 가 병 가 기 포 수 인 치 시 남 아 강 동 자 제 다 재 준 권 토 중 래 미 가 지

16

"내 탓이오"라고 말할 줄 알아야 한다

활을 쏘는 것은 군자의 모습과 닮은 점이 있다.
내가 활을 쏘아 정확한 과녁에서 벗어나면
돌이켜 자신에게서 그 책임을 구해야 하기 때문이다.

〈중용〉

• • •

군자란 어떤 문제가 생겼을 때 남에게 책임을 묻는 사람이 아
닌, 자신에게 먼저 책임을 물을 줄 아는 사람입니다.

공자는 군자의 책임 의식을 '활쏘기'에 빗대어 설명하는데, 활
을 쏘아 과녁을 맞히지 못했을 때 모든 책임이 활을 쏜 사람에게
있다고 봅니다. 모든 잘못의 시작은 나에게 있다는 것입니다. 활
을 쏠 때 많은 변수가 있을 수 있습니다. 갑자기 거센 바람이 불었
을 수도 있고, 활의 성능이 안 좋을 수도 있고, 구경꾼들의 방해가
있을 수도 있습니다. 그러나 결국 제일 중요한 것은 활을 쏘는 사
람입니다. 활 쏘는 사람이 중심을 잡고 흔들림 없이 쏘았을 때 과
녁에 명중할 수 있는 것입니다. 모든 책임은 본인에게 있는 것입

니다.

요즘 세상에서는 "내 탓이오"라고 말하는 군자다운 사람을 보기란 힘듭니다. 오히려 '내로남불'의 격으로 모든 것이 '남 탓'이 되어버린 세상입니다. 특히 정치권에서 유행처럼 사용되는 신조어인 '내로남불'은 '내가 하면 로맨스이고 남이 하면 불륜'이라는 뜻으로, 잘못된 건 모두 내 잘못이 아니라 상대 탓, 세상 탓, 잘못된 제도 탓이라고 말합니다. SNS가 활발한 현시대에 이러한 확증편향의 사고들이 더욱 심각해지고 있습니다. 다른 사람의 문제이지, 자신의 문제라고 생각하지 않습니다.

《맹자》에 '오십보백보(五十步百步)' 이야기가 나옵니다.

양혜왕이 맹자에게 "나는 이웃 나라보다 백성을 더 잘 보살피는데 왜 백성이 이웃 나라보다 더 늘어나지 않소?"라고 물어봅니다. 그러자 맹자가 전쟁 이야기로 비유하며 오십 보 도망한 자가 백 보 도망한 자를 비웃을 수 없듯이, 제대로 왕도정치를 베풀지 못하면 다른 나라보다 조금 낫다고 해도 자랑할 만한 것이 못 되는 것이라고 답변합니다.

양혜왕은 자신이 정치를 잘하고 있다고 여겼기에, 백성이 이웃 나라보다 적고 심지어 다른 나라로 옮겨 가는 이유가 무엇인지 의아해하며 맹자에게 그 까닭을 물었을 것입니다. 이에 맹자는 양혜왕이 전쟁을 자주 하고, 가혹한 세금을 많이 거둬들이는 왕의 탓이라고 '오십보백보' 이야기로 냉철히 간언한 것입니다.

　모든 일의 결과는 '내 탓'입니다. 내가 쏜 활이 과녁에서 벗어나면 내 책임이듯 문제가 발생하면 제일 먼저 본인에게서 원인을 찾아야 합니다. 남을 탓하거나 원망하는 것보다 자신을 먼저 돌아보는 것이 진정 책임질 줄 아는 사람의 모습입니다. "내 탓이오"라고 말하는 사람이 진정한 군자입니다.

근사하게 원문 읽기

射有似乎君子 失諸正鵠 反求諸其身
사 유 사 호 군 자 　실 저 정 곡 　반 구 저 기 신

17

남의 불행을 차마 두고 보지 못하는 마음이란?

선왕이 차마 지나치지 못하는 마음이 있으니
이에 차마 그냥 못 본 척할 수 없는 정사가 있다.
사람에게 차마 지나치지 못하는 마음으로
그냥 못 본 척할 수 없는 정사를 행하면
천하를 다스리는 것은
손바닥에서 움직이는 것과 같을 것이다.

_〈맹자〉

• • •

맹자가 제나라에 머물렀을 때 혹독한 정치를 펼치는 군주들에게 각성하라고 강력히 요구하면서 말한 글입니다. 맹자는 인간에게는 같은 인간으로서 남의 불행을 차마 보지 못하는 인간만이 가진 선한 마음이 있다고 성선설을 주장합니다. 즉 인간은 인(仁)에 해당하는 측은해하는 마음(惻隱之心측은지심), 의(義)에 해당하는 부끄러워하는 마음(羞惡之心수오지심), 예(禮)에 해당하는 사양하는 마음(辭讓之心사양지심), 지(智)에 해당하는 옳고 그름을 가리는 마음(是非之心시비지심)이 있으며, 이런 마음이 없으면 인간이 아니라고 말합니다.

맹자가 산 전국 시대에는 백성들이 전장에서 죽거나 굶어 죽는 일이 많았습니다. 맹자는 당시 지도자들에게 백성들의 고통을 차마 눈을 뜨고 보지 못하는 마음으로 정치를 해주길 권합니다. 백성들의 굶주림이 자신들의 잘못 때문이 아니라며 발뺌하는 지도자들에게 맹자는 되묻습니다.

"살인자가 칼로 사람을 죽여놓고 내가 죽인 것이 아니라 칼이 죽였다고 한다면 당신들은 그 말을 인정하겠습니까?"

백성들의 불행을 차마 눈뜨고 보지 못하는 인간 본성의 마음으로 백성을 지도하는 지도자가 절실했던 그때처럼 지금 이 시대에도 절실합니다. 나날이 경제 상황이 나빠지면서 자영업자를 비롯해 많은 사람이 고통받고 있습니다. 하지만 정치인들은 이렇게 된 것에 책임지는 모습은 보이지 않고 자신들의 이득과 정권 다툼으로 혈안이 되어 있습니다. 이렇게 살기 힘든 것은 자신들의 탓이 아니라 세상 여건이 힘들어졌기 때문이라고 말합니다. 남의 불행을 차마 두고 보지 못하는 불인지심(不忍之心)을 가지고 국민들의 아픔에 공감하는 정치인이 필요합니다.

선거에 눈이 먼 채 기득권 자리만 탐하는 지도자가 넘쳐나는 이 시점에 맹자와 같은 현인이 간절합니다. 타인의 불행을 내 일처럼 느끼는 인간 본연의 마음이 필요합니다. 타인의 고통을 함께 느낄 공감력 있는 지도자가 필요합니다. 우리는 "당신의 아픔은 나의 아픔입니다"라고 입술로만 말하는 것이 아닌, 우리 본연의 마음에서 진심으로 우러나와 실천하는 그런 사람이 되어야겠습니다.

先王 有不忍人之心 斯有不忍人之政矣 以不忍人之心 行不忍人之政
선 왕 유 불 인 인 지 심 사 유 불 인 인 지 정 의 이 불 인 인 지 심 행 불 인 인 지 정

治天下 可運之掌上
치 천 하 가 운 지 장 상

어진 사람은 적이 없다

어진 자는 대적할 자가 없다.

_《맹자》

• • •

'인자무적(仁者無敵)'이란 인(仁)을 가진 자는 적이 없다가 아니라, '인을 실천하는 사람은 누구도 대적할 자가 없다'라고 해석하는 것이 이해하기 쉽습니다.

전쟁을 좋아하는 양혜왕이 맹자에게 전쟁에서 진 치욕을 어떻게 하면 씻을 수 있는지를 묻습니다. 이에 맹자는 답합니다.

"어진 정치를 해서 형벌을 가볍게 하고, 세금을 줄이며, 농사철에는 농사를 짓게 하고, 장정들에게는 효성과 우애와 충성과 신용을 가르쳐 부형과 윗사람을 섬기게 한다면, 몽둥이를 들고서도 진(秦)나라와 초나라의 견고한 군대를 이길 수 있습니다."

그는 이어서 "백성들이 일할 시기를 빼앗아 밭을 갈지 못하게 함으로써 부모는 추위에 떨며 굶주리고, 형제와 처자는 뿔뿔이 흩어지고 있고, 저들이 백성을 도탄에 빠뜨리고 있는데, 왕께서 가서 정벌한다면 누가 감히 대적하겠습니까?"라고 말합니다. 그러고는 강조한 것이 '인자무적'입니다.

진실로 어진 정치를 베풀면서 백성을 자신의 몸처럼 여기는 군주에게는 자연히 백성이 따릅니다. 군주를 반대하는 세력이 없게 되고, 비록 전쟁이 일어나더라도 인심이 떠나지 않아 총칼로도 어찌할 수 없게 됩니다. 그래서 인자한 사람에게는 대적할 자가 없는 것입니다.

배려와 사랑을 실천하는 지도자, 곧 어진 이는 그 누구도 감히 대적할 수 없습니다. 이것이 맹자가 '인'을 바탕으로 왕도정치를 주장한 근본 이유입니다.

아무리 어려운 세상이라도 따뜻한 사랑으로 뭉친 사회단체, 기업, 나라는 망하지 않습니다. 인간의 기본 권리를 충분하게 지켜주고 시민들을 위한 정치를 한다면 그 지도자를 향한 사람들의 신뢰와 공감대는 무한대가 될 것입니다.

문제는 그런 지도자가 없다는 것입니다. 윤리와 도덕이 존재하는 사회단체, 기업, 나라가 있는지 둘러봐도 쉽게 보이지 않습니다. 맹자가 말한 것처럼 형벌을 가볍게 하고, 세금을 적게 거두고, 농사지을 시기엔 전쟁을 하지 않아서 생업에 종사하게 해야 합니다. 백성들에게 효제충신(孝弟忠信)의 인간 도리를 가르치고 실현할 기회를 줘야 합니다. 기본에 충실하면 민생이 안정되고, 민생이 안정되면 윤리와 도덕이 살아납니다.

태평성대는 세심한 배려심과 따뜻한 사랑에서 시작됩니다. 어진 정치, 즉 왕도정치를 하는 리더가 있다면 그를 사람들은 목숨 걸고 지켜줍니다. 인을 실천하는 사람은 누구도 대적할 수 없습니다.

근사하게 원문 읽기

仁者無敵
인 자 무 적

19

독서로 긍정의 마음을 길러라

무릇 책을 읽는 자는 반드시 단정히 손을 모으고 무릎을 꿇고 앉아서
공경하는 마음가짐으로 책을 마주하여 마음을 오롯이 하고 뜻을 극진히 하며
자세히 생각하고 익숙히 읽고 깊이 생각하며, 의미를 깊이 이해하고
구절마다 반드시 실천할 방법을 구해야 하니,
만일 입으로만 읽을 뿐 마음으로 깨닫지 못하고 몸으로 행하지 못한다면,
책은 책대로 나는 나대로일 것이니 무슨 소용이 있겠는가?

_《격몽요결(擊蒙要訣)》

＊＊＊

1년에 백 권을 읽고, 3년에 1천 권을 읽어도 성장에 도움 되지
않았다면 그 독서는 의미 없는 것입니다. 단 한 권을 읽더라도 그
책을 온전히 내 것으로 만들어야 합니다. 그것이 진정한 독서입
니다.

율곡 이이 선생은 《격몽요결》에서 독서의 진정한 의미를 구체
적으로 심도 있게 설명합니다. 책을 바른 자세와 공손한 마음으
로 대해야 하며 읽고 있는 책의 구절마다 의미와 실천 방법까지
생각하며 독서하기를 강권합니다.

책을 읽을 때는 마음을 집중하고 뜻을 다하여 깊고 넓게 책 내용을 이해해야 합니다. 그리고 책에서 배운 것을 어떻게 삶에 적용할지를 반드시 생각해야 진정한 독서라 할 수 있습니다. 단순히 지식을 머릿속에 쌓는 것만으로는 부족합니다. 다독(多讀)으로 단지 읽은 책의 숫자를 자랑하는 건 독서의 진정한 의미가 아닙니다.

《명심보감》은 말합니다.

'더없이 즐거운 것으로 독서만 한 것이 없고, 더없이 중요한 것으로 자녀 교육만 한 것이 없다(至樂지락 莫如讀書막여독서 至要지요 莫如教子막여교자).'

독서를 통해 새로운 것을 아는 쾌감을 느껴본 사람들은 압니다. 그래서 그 독서의 쾌감을 평생 이어갑니다. 그 독서의 즐거움과 이로움을 알기에 자녀 교육에도 독서를 강조합니다. 독서를 통해 본인이 성장했듯이 평생 교육과 독서를 통해서 자녀가 성장하기를 간절히 바라는 부모의 마음은 당연한 것입니다.

《안씨가훈》은 강조합니다.

'많은 재물을 쌓아둬도 얕은 재주를 몸에 지니는 것만 못하고, 배우기 쉽고 사람을 귀중하게 하는 재주는 독서만 한 것이 없다(積財千萬적재천만 不如薄伎在身불여박기재신 伎之易習而可貴者기지이습이가귀자 莫如讀書막여독서).'

독서는 동서고금의 수많은 성인, 현인과 하는 대화입니다. 책은 사람을 새롭게 만드는 힘이 있습니다. 독서로 나를 갈고닦아야 합니다. 마음가짐, 몸가짐까지도 독서를 통해 끊임없이 다듬어야 합니다. 독서로 내 삶을 변화시키고 더 나아가 자식을 더 현명하게 키우는 방법을 터득할 수 있습니다. 책을 입으로만 읽지 않고 마음으로 깨닫고 실천 방향까지 나아갔을 때 진정한 독서라고 할 수 있습니다. 독서로 충분히 긍정의 마음을 기를 수 있습니다.

근사하게 원문 읽기

凡讀書者 必端拱危坐 敬對方冊 專心致志 精思涵泳 深解意趣
범 독 서 자 필 단 공 위 좌 경 대 방 책 전 심 치 지 정 사 함 영 심 해 의 취

而每句 必求踐履之方 若口讀而心不體 身不行 則書自書
이 매 구 필 구 천 리 지 방 약 구 독 이 심 불 체 신 불 행 즉 서 자 서

我自我 何益之有
아 자 아 하 익 지 유

일상의 삶 속에 도가 있다

도(道)는 사람에게서 멀지 않은 법이다.

사람이 도를 행하는데 사람과 멀리한다면 도라 할 수 없느니라.

《시경》에 이르기를, '도낏자루를 베는 데 그 방법이 그리 쉽지 않다'고 했다.

도낏자루를 잡고 도낏자루를 베는 것도

곁눈으로 바라보고서는 오히려 어렵다고 했다.

군자는 사람으로서 사람을 가르치다가 고쳐지면 그만둔다.

충서는 도와의 거리가 멀지 않다.

자신이 하기를 원하지 않는 일은 남에게 시키지 말라.

_〈중용〉

• • •

'도(道)'란 사람이 살아가는 인생과 멀리 떨어져 있지 않습니다. 공자는 《시경》에 나온 글로 쉽게 빗댑니다.

사람들이 도낏자루를 새로 만들기 위해 손에 도낏자루를 잡고 있으면서 어떤 도낏자루가 좋은지 곁눈질로 다른 사람이 쥐고 있는 도낏자루를 보고 좋은 재목을 만들려 한다는 것입니다.

자신이 지금까지 사용했던 도낏자루가 가장 좋다고 여겨 지금까지 사용한 것인데도 다른 곳에서 더 좋은 것을 찾으려 하는 모습이 바로 도를 멀리 보고 찾는다는 이야기입니다.

　도는 산속에 있는 것도, 저 높은 어딘가에 있는 것도 아닙니다. 부모님께 효도하고, 형제끼리 우애하고, 타인을 배려하며 존중하고, 부끄러워할 줄 알고, 자기 분수를 알고 살아가는 것이 바로 도를 실천하는 삶입니다. 도는 먼 곳에 있는 것이 아니라, 내 일상의 삶 속에 있습니다.

　공자가 중시하는 충서(忠恕)도 멀리 있지 않습니다. 내가 얻고자 하면 먼저 상대방에게 주는 것이 충서이자 도입니다. 내 자식이 나에게 해주길 바라는 대로 내 부모를 모시면 됩니다. 사회에서 대접받고 싶으면 먼저 상대를 대접해주면 됩니다.

　도란 우리가 평상시 생각하는 상식일 수 있습니다. 도는 인간에게서 멀리 떨어진 특별한 경지나 신비로운 것이 아니라, 실은 우리 곁에 가까이 존재하는 것입니다.

　자세히 들여다보면 우리의 일상생활 속에도 도인(道人)의 모습을 한 사람들이 곳곳에 존재합니다. 뜻하지 않은 재난이나 위기 상황 속에서도 마치 자기 일처럼 나서서 다른 사람들을 돕는 의인들에 대한 뉴스를 우리는 종종 접하곤 합니다. 바로 그런 이들이야말로 도를 현실 속에서 실천하고 있는 사람들입니다.

　평생 남에게 손해 끼치지 않으며 법 없이 살 정도로 정직하게 사는 사람, 타인을 존중하며 배려하며 사는 사람, 남을 위해 봉사하며 평생을 사는 사람 등 우리 주변엔 도를 실천하는 사람이 너무도 많습니다.

사람이 도를 행하는 데 사람과 멀리하면 안 됩니다. 자세히 보면 우리 일상의 삶 속에 도가 분명히 있습니다.

道不遠人 人之爲道而遠人 不可以爲道 詩云 伐柯伐柯 其則不遠
도 불 원 인 인 지 위 도 이 원 인 불 가 이 위 도 시 운 벌 가 벌 가 기 칙 불 원

執柯以伐柯 睨而視之 猶以爲遠 故 君子 以人治人 改而止
집 가 이 벌 가 예 이 시 지 유 이 위 원 고 군 자 이 인 치 인 개 이 지

忠恕 違道不遠 施諸己而不願 亦勿施於人
충 서 위 도 불 원 시 저 기 이 불 원 역 물 시 어 인

음주(飮酒)

사람 사는 곳에 초막을 지었지만,

거마의 시끄러움이 없다네.

그대에게 묻노니 어떻게 그럴 수 있는가?

마음이 멀어지면 땅이 절로 치우치는 것을.

동쪽 울타리 아래에서 국화를 따다가

아득히 남산을 바라보노라.

산기운 저녁 무렵에 더욱 아름답고,

나는 새가 함께 돌아온다.

이 속에 진실된 뜻이 있으니,

가려내고자 하면 이미 말을 잊네.

_ 도연명(陶淵明)

04

욕심 내려놓기

01

탐욕을 이기기 위해 꼭 필요한 두 가지

사사로움을 이기고 욕망을 억제하는 일에 있어
일찍 알지 않으면 역량을 기르기가 쉽지 않다고 말하는 사람이 있고
알아서 깨우쳤다 해도 인내심이 모자란다고 말하는 사람이 있다.
대개 지식이란 마음속의 악마를 비추는 한 알의 밝은 구슬이요,
의지는 악마를 베는 한 자루의 지혜로운 칼이니,
이 두 가지는 모두 없어서는 안 된다.

_《채근담》

• • •

'욕망(慾望)'의 사전적 의미는 부족을 느껴 무엇을 가지거나 누리고자 탐하는 마음입니다. 비슷한 단어 '욕심(慾心)'은 분수에 넘치게 무엇을 탐내거나 누리고자 하는 마음으로 두 단어 모두 '무엇을 가지거나 누리고 싶어 하는 탐욕'을 말합니다. 인간은 누구나 기본 욕구로 이런 욕심과 탐욕을 가지고 있습니다. 하지만 욕심이 지나치면 나와 다른 사람에게 피해를 주기에 욕심을 제어할 줄 알아야 합니다.

《채근담》은 지나친 탐욕을 이기려면 두 가지가 필요하다고 말

해줍니다. 먼저 지식으로 마음속 악마의 정체를 정확히 파악해야 합니다. 그다음은 그 악마를 베어 없앨 강한 의지가 필요합니다. 탐욕을 이겨내기 위해서는 '지식'과 '의지'가 동시에 필요합니다. 지식은 마음속의 악마를 비추는 밝은 구슬입니다. 강한 의지력은 날카로운 칼처럼 예리하며 결단력이 있어야 합니다. 탐욕을 제어하겠다는 강한 의지력이 있을 때 탐욕으로 말미암은 인생 역경이 해결되어 순탄한 삶을 살 수 있게 됩니다.

욕심 중에서 돈에 대한 욕심이 가장 강합니다. 부가 지배하는 요즘 세상에서 사람들은 모두 부자 되는 것이 삶의 목표입니다. 부자이면 행복하고 부자가 아니면 불행하다고까지 생각합니다. 하지만 옛 군자들은 부(富)라는 것은 삶을 살아가는 하나의 수단에 불과하다고 여겼습니다. 지금도 군자다운 사람들은 이렇게 생각합니다. 그들은 지위가 높은 사람이나 부자 앞에서 주눅 들지 않습니다. 부를 너무 추구하는 것은 물질의 노예가 되는 것입니다. 불필요한 탐욕입니다. 물질의 유혹에 넘어가서 본연의 인간성을 상실한 사회지도층들을 많이 봅니다. 물욕에 최고의 가치를 두어서는 안 됩니다.

《순자》는 말합니다.

'군자는 물질을 지배하고 소인은 물질에 지배당한다(君子役物군자역물 小人役於物소인역어물).'

평온한 삶을 살기 위해서는 불필요한 욕망을 억제하고 살아야 합니다. 무엇이 옳고 그른지 판단할 '지식'과 불필요한 욕망을 제어하겠다는 강한 '의지'를 지니고 있다면 탐욕을 이겨내고 바라는 일을 반드시 이룰 수 있을 것입니다.

근사하게 원문 읽기

勝私制慾之功 有曰識不早 力不易者 有曰識得破
승 사 제 욕 지 공 유 왈 식 부 조 역 불 이 자 유 왈 식 득 파

忍不過者 蓋識是一顆照魔的明珠 力是一把斬魔的慧劍 兩不可少也
인 불 과 자 개 식 시 일 과 조 마 적 명 주 역 시 일 파 참 마 적 혜 검 양 불 가 소 야

02

만족과 멈춤을 알아야 한다

명예와 내 몸 중 어떤 것을 더 가까이해야 할 것인가?
몸과 재물 중 어느 것이 더 중한가?
너무 인색하면 그만큼 반드시 내 인생은 낭비될 것이며
많이 모으면 그만큼 반드시 크게 잃게 되는 것이 있다.
만족함을 알면 욕되지 않고, 머물 줄 알면
위태롭지 않아 오래갈 수 있다.

《도덕경》

•••

'행복과 불행의 기준은 무엇일까?'

아무리 지위가 높고 돈이 많더라도 자신의 현실에 만족하지 못
하면 불행한 사람이고, 지위가 낮고 돈이 없더라도 자신의 현실
에 만족하며 산다면 그 사람은 행복한 사람입니다. 이처럼 살아
가면서 가장 어려운 일 중 하나가 자기 삶에 만족하며 행복하게
사는 것입니다.

행복하게 산다는 것이 쉬운 듯한데, 왜 그리 어려울까요? 그것
은 자신이 만족하는 지점과 욕심을 그만 부려야겠다는 지점을 정

확히 알지 못하기 때문입니다. 명예와 재물에 대한 욕망이 커서 결국 자신을 망치고 있는 겁니다.

이 시대의 부자들에게 얼마나 더 부자가 되고 싶냐고 물으면 조금만 더 돈을 모아야 행복하다고 답하기도 합니다. 욕심은 모두 채울 수 없습니다. 욕심이 다 채워지지 않으면 행복하다고 느낄 수 없습니다. 행복은 지금 얼마나 가지고 있느냐가 아니라 지금 얼마나 만족하고 있느냐에 결정됩니다.

위의 글은 명예와 돈에 대한 집착을 경계하는 것입니다. 노자는 명예와 돈에 지나치게 집착하다 보면 반드시 크게 잃게 될 것이라고 말합니다. 만족할 줄 알아야 치욕이 없고, 그칠 줄 알아야 인생이 위태롭지 않다고 하는 겁니다.

애착이 심할수록 영혼은 더 많이 지치며, 많이 가질수록 그만큼 많이 잃는 법입니다. 가진 것이 적어도 만족할 줄 아는 사람은 행복한 삶을 살 수 있습니다.

《명심보감》은 말합니다.

'만족함을 알면 삶이 즐겁고 탐욕을 좇으면 근심하게 된다(知足可樂지족가락 務貪則憂무탐즉우).'

행복은 부에 의해 결정되는 것이 아니라 얼마나 내 삶에 만족하며 사느냐에 달려 있습니다. 행복은 상황이 아니라 마음속에 있습니다.

내 삶 자체에 집중하고 현재에 만족하며 지금 이 순간에 최선을 다하는 것, 이것이야말로 진정한 즐거움을 누리면서 행복하게 사는 길입니다. 만족과 멈춤을 아는 사람이 현명한 사람이자 행복하게 사는 사람입니다.

名與身孰親 身與貨孰多 是故甚愛必大費 多藏必厚亡
명 여 신 숙 친 신 여 화 숙 다 시 고 심 애 필 대 비 다 장 필 후 망

知足不辱 知止不殆 可以長久
지 족 불 욕 지 지 불 태 가 이 장 구

때를 기다려라

일의 쉽고 어려움은
일의 크기에 달려 있는 것이 아니라
때를 아는 데 달려 있다.

_《여씨춘추》

• • •

'하늘 아래 모든 것에는 시기가 있고 모든 일에는 때가 있다. 태어날 때가 있고 죽을 때가 있으며 심을 때가 있고 심긴 것을 뽑을 때가 있다. 죽일 때가 있고 고칠 때가 있으며 부술 때가 있고 지을 때가 있다. 울 때가 있고 웃을 때가 있으며 슬퍼할 때가 있고 기뻐 뛸 때가 있다. 돌을 던질 때가 있고 돌을 모을 때가 있으며 껴안을 때가 있고 떨어질 때가 있다. 찢을 때가 있고 꿰맬 때가 있으며 침묵할 때가 있고 말할 때가 있다. 사랑할 때가 있고 미워할 때가 있으며 전쟁의 때가 있고 평화의 때가 있다.'

이는 구약 성경 지혜서 중 하나인《코헬렛서》3장 1절~8절 말씀입니다. 인생에는 적절한 시기가 있습니다. 영원한 만족은 없습니다. 삶은 자신을 발견하고 자신의 모습을 형성하는 시간의 연속입니다. 인생을 잘 산다는 건 결국 지금 이 순간을 적극적으로 잡아야 한다는 것입니다.

《여씨춘추》는 '일이 쉽고 어려움은 일의 크기에 달려 있지 않고, 때를 아느냐 모르느냐에 달려 있다'고 했습니다. 또한 '성인이 때를 만나는 것은 마치 밝은 날 걸어가는 사람이 그림자와 떨어질 수 없는 것과 같다'고도 했습니다. 조급할 때 나서면 일을 이루지 못할 가능성이 큽니다.

역사적으로 큰 인물이 된 사람들을 보면 때가 올 때까지 온갖 고난을 이겨내며 적기를 기다렸습니다. 주나라의 재상인 강태공은 위수에서 낚시질하며 때를 기다렸습니다. 춘추 시대의 정치가 오자서는 초나라 사람이었으나 아버지와 형이 살해당한 뒤 오나라를 섬기며 복수의 때를 기다렸고, 결국 복수했습니다.

아무리 지혜롭고 권력을 가졌다고 해도 때를 만나지 못하면 일을 이룰 수 없습니다. 조급하게 너무 서두르지 말고 자신의 때를 묵묵히 기다려야 합니다.

인공지능을 비롯하여 첨단 기술이 넘쳐나는 요즘 시대에 느긋하게 기다리기란 참으로 힘듭니다. 기술, 상품, 서비스 등 모든 것이 초고속으로 흘러가는 게 오늘의 현실입니다. 하지만 그 좋다는 것 무엇이든 시대와 상황에 맞지 않으면 소용없습니다. 생경

할뿐더러 필요성을 느끼지 못하는 제품은 아무리 뛰어난 기술이
녹아들었더라도 사람들의 관심을 받을 수 없습니다. 사람들이 사
용하지 않으면 쓸모가 없습니다.

좋은 영화나 드라마, 음악도 발표된 그 시기엔 대중에게 인기
가 없다가 어느 때 재조명되어 역주행하기도 합니다. 이런 것들
을 보면 인간사에는 분명 때가 있습니다.

다만 한 번 놓쳐버린 기회는 다시 오지 않습니다. 늘 깨어서 때
가 다가오고 있음을 알아채야 합니다. 기다리던 때가 왔다고 느
껴지면 그때는 과감하게 결단을 내려야 합니다. 잠잠히 기다리다
때가 오면 단숨에 낚아채야 합니다.

좋은 기회는 자주 오지 않습니다. 그때를 알기 위해 노력하고,
그때가 다가오면 반드시 잡아야 후회 없는 삶을 살 수 있습니다.

事之難易 不在大小 務在知時
사 지 난 이 부 재 대 소 무 재 지 시

04

욕망은 순간의 즐거움일 뿐이다

군자는 그 도를 얻으면 즐거워하고,
소인은 그 욕망을 얻으면 즐거워한다.
도로써 욕망을 제어하면 즐거우면서도 어지럽지 않고,
욕망에 빠져 도를 잊으면 미혹될 뿐 즐겁지 않다.
_《예기》

• • •

욕망의 즐거움을 포기하기란 쉽지 않습니다. 최근에 마약 관련 뉴스를 자주 접하게 됩니다. 마약을 복용한 후 경험하게 되는 강도 높은 쾌락에서 벗어날 수 없어 마약중독자가 됩니다.

좋은 욕망의 즐거움은 은은하고 깊게 오래갑니다. 반면에 좋지 못한 욕망의 즐거움은 강렬하지만 오래가지 않습니다.

《예기》는 군자와 소인의 즐거움을 나누어 말합니다. 군자는 인격과 학식을 모두 겸비한 사람으로, 소인은 인격과 학식을 갖추지 못한 사람으로 구분합니다.

도(道)와 욕망을 다시 대비하며 설명합니다. 도로써 욕망을 제어하면 즐거울 수 있지만, 욕망에 빠져 도를 잊으면 미혹한 지경에 이르게 됩니다. 미혹된 욕망은 결코 즐거운 욕망이 될 수 없습니다.

욕망을 한마디로 말하면 '즐거움'입니다. 이 기본적인 즐거움의 욕망에서 벗어나기란 불가능합니다. 그렇기에 욕망에 이끌리는 데로 살지 않고, 스스로 욕망을 조절하며 올바른 길과 옳지 못한 길을 구분하면서 즐거움을 느끼면서 살아야 합니다. 반드시 옳고 그름을 판단할 줄 아는 지혜가 필요하며 그 기준은 바른 도가 되는 것입니다.

매일 접하는 것에 익숙해지고, 익숙해지다 보면 즐기게 됩니다. 너무 즐기다 보면 위험해지기도 합니다.

《예기》는 말합니다.

'소인은 물에 빠지고, 군자는 입에 빠지고, 대인은 사람에 빠진다.'

소인은 일반 보통 사람이고, 군자는 학식을 갖춘 사람이며, 대인은 고위 지도층으로 이해하면 됩니다.

소인은 농사짓는 물에 대해서, 군자는 자신의 학식을 뽐내는 입에 대해서 그리고 대인은 나라를 다스리는 것에 대해서 잘 알고 익숙해합니다. 익숙하다 못해 그것들을 즐긴다고도 말할 수 있습니다. 하지만 이럴 때 더 신중해야 한다고 《예기》는 경고합니다.

잘하는 일을 너무 뽐내다가 신중하지 않아서 실수할 수 있습니다. 욕망이 지나쳐서 일을 더 크게 잘못되게 만들 수도 있습니다. 소인처럼 작은 욕망을 얻은 것에 너무 즐거워하는 걸 경계해야 합니다.

욕망은 순간의 즐거움일 뿐입니다. 도를 얻는 것이 진정한 즐거움입니다.

근사하게 원문 읽기

君子樂得其道 小人樂得其欲 以道制欲則樂以不亂 以欲忘道則惑而不樂
군 자 락 득 기 도 소 인 락 득 기 욕 이 도 제 욕 즉 락 이 불 난 이 욕 망 도 즉 혹 이 불 락

비교하지 말고, 나의 강점에만 집중하라

자신의 단점으로 상대의 장점과 겨루지 말라.
잘못하는 일을 덮어두고 피하되
잘하는 일을 처리하라.

_《순자》

• • •

자신의 장점과 단점을 정확히 파악할 줄 아는 메타인지가 필요합니다. 단점은 보완하고 장점은 더욱 발전시키는 것이 상식입니다. 그런데 때때로 단점이 장점을 가로막아, 본래의 좋은 점들이 드러나지 못하는 안타까운 일이 벌어지기도 합니다.

사람은 누구나 저마다 장점과 단점을 갖고 있습니다. 그런데 자신의 단점으로 상대의 장점과 겨루면 당연히 자존감이 낮아집니다. 이런 경우엔 내가 아무리 노력해도 상대를 이길 수 없습니다. 상대의 장점을 인정하고 넘어가는 것이 좋습니다. 나의 장점을 드러나는 일에 집중하는 것이 더 현명한 방법입니다.

약점을 보완하고 강점을 잘 키워야 성공할 수 있다는 교훈이 담긴 고사가 있습니다.

주나라 위공이 전개지에게 양생(養生)의 비법을 물었는데, 전개지가 이야기를 해줍니다.

"노나라 선표라는 사람은 바위 굴에 살면서 사람들과 이익을 다투지 않고 잘 살았습니다. 나이 일흔인데도 어린아이 같은 얼굴을 하고 있었습니다. 그런데 불행하게도 산속 호랑이가 그를 잡아먹었습니다. 장의라는 사람은 많은 귀족과 교류하면서 인맥을 넓혀가며 명성을 날리고 있었습니다. 그런데 나이 마흔 살에 열병에 걸려 죽었습니다.

선표는 그 속을 길렀지만 호랑이가 겉을 먹어버렸고, 장의는 겉을 길렀지만 병이 그 속을 침범했습니다. 두 사람 모두 자신의 약점을 보완하지 않아서 죽음을 맞이하게 된 것입니다. 이를 두고 공자께서는 '내면으로 숨지 말고 겉으로 드러내지 말라. 섶나무처럼 그 중앙에 서라. 이 세 가지가 잘 지켜지면 명성은 분명히 정상까지 이를 것이다'라고 말씀하셨습니다."

자신의 강점을 키우고 약점을 보완한다면 성공한다는 이야기입니다. 각자의 장점과 단점을 파악하고 장점은 더욱 드러나게 하면서 단점은 반드시 보완해야 합니다. 단점을 다른 사람들과 비교해서 평균적인 지점까지는 보완되면 좋습니다. 비교는 비슷할 때 의미가 있습니다. 자신의 단점으로 상대의 장점과 겨루면서 실망하고, 어떤 일을 시작도 하기 전에 포기하는 일은 하지 말아야 합니다.

나의 강점에만 집중해도 짧은 인생입니다. 모든 것을 다 잘하는 사람은 없습니다. 그것은 욕심입니다. 세계적인 스타들은 모두 자신의 강점을 더욱 발전시키는 것에 노력을 많이 한 사람들입니다. 나만의 강점에 집중하며 잘못하는 일은 덮어두고 잘하는 일을 하며 살면 됩니다.

근사하게 원문 읽기

無用吾之所短 遇人之所長 故塞而避所短 移而從所仕
무 용 오 지 소 단 우 인 지 소 장 고 색 이 피 소 단 이 이 종 소 사

06

반성이 자책으로 이어지게 하지 말라

자기에게서 허물을 찾고 스스로 책망함이 없어서는 안 되지만
그렇다고 너무 오랫동안 마음에 두어 후회하는 것 또한 적절하지 않다.

《근사록》

• • •

잘못을 저질렀다면 반드시 자기 잘못을 인지하고 반성해야 합니다. 같은 실수를 반복하지 않기 위해서입니다. 실수를 통해 성장하고 발전하는 사람이 되어가는 것입니다.

그런데 반성이 심각한 자책이 되고, 더 나아가 자기 자신에 대한 자포자기가 된다면 이것은 단 한 번의 실수를 너무 심각하게 받아들이는 것입니다.

반성은 새로운 출발을 위한 밑거름이며 원동력이 되면 됩니다. 성공하는 사람들은, 실패는 성공으로 가는 하나의 과정일 뿐 전체의 실패가 아니라고 말합니다.

자신에게 허물이 있다면 반성하고 그 허물을 너무 오랫동안 마

음속에 두고 있어 다른 일을 시작하는 것에 방해가 되게 해서는
안 됩니다.

증자는 자신에 대해서 반성한다는 글을 남겼습니다.

'나는 매일 다음과 같이 세 가지 측면에서 나 자신을 반성해본
다. 다른 사람을 위하여 일을 도모하면서 충실하지 않았는지? 친
구와 교제하면서 미덥지 않았는지? 제자들에게 지식을 전수하면
서 스스로 익숙하지 않았는지(吾日三省吾身오일삼성오신 爲人謀而不忠乎위
인모이불충호 與朋友交而不信乎여붕우교이불신호 傳不習乎전불습호)?'

증자는 공자의 제자로, 공자보다 46세가 어린 제자입니다. 스
승에게 배운 것을 실천하려 노력했는데, 게다가 효자였습니다.

증자에게서 우리는 반성의 태도를 배울 수 있습니다. 반성이란
철저하게 자기 자신의 말과 행동을 되돌아보는 일입니다. 그 대
상은 오직 자신뿐입니다. 남과 비교하며 괜히 자책할 필요는 전
혀 없습니다.

중요한 것은 과거의 잘못을 교훈 삼아 앞으로 같은 실수를 반
복하지 않기 위해 계속 노력하는 자세입니다.

공자도 본인의 잘못을 고치지 못하고 있는 것이 근심이라고 말
했습니다. 수없이 자기 자신에게 다짐하고 결심한 것들을 우리는
지키지 못하면서 실수를 하기도 합니다. 완벽한 사람은 없습니
다. 완벽하지는 않지만 완벽해지려고 노력하는 가운데 실수들을

최소화하려고 노력할 뿐입니다.

반성은 새로운 출발을 위해 꼭 필요한 일입니다. 실패는 누구나 하니, 너무 완벽해지려는 욕심은 버리고, 자신을 스스로 사랑하고 보듬으면서 반성하면 됩니다. 반성 뒤에 더 나은 사람으로 변해갔다면 그것이 바로 한 걸음 성장한 사람의 삶입니다.

罪己責躬不可無 然亦不當長留在心胸爲悔
죄 기 책 궁 불 가 무   연 역 부 당 장 유 재 심 흉 위 회

07

재물에 인색하면 사람을 잃는다

둔하면 일 처리가 뒤처지고
재물에 인색하면 친한 사람을 잃고
소인을 신임하면 선비를 잃는다.

_《관자(管子)》

• • •

행동을 민첩하게 하지 않으면 일의 성과를 낼 수가 없습니다. 그리고 재물에 인색하면 좋은 사람들이 곁에 있지 못하고 떠나갑니다. 사람을 부릴 때에도 제대로 된 보상을 하지 않고 일만 시키면 곁에 사람이 남아 있지 않습니다.

좋은 인생을 살기 위해 갖추어야 할 것이 많지만, 《관자》의 글에서 재물 욕심에 대한 이야기를 더 주의 깊게 인식해야 합니다. 재물에 인색한 사람 곁에는 결코 좋은 사람이 오래 머물 수 없습니다. 심지어 가족마저도 그를 멀리하고 등지게 됩니다.

제나라 환공이 관중에게 물었습니다.

"부(富)에는 한계가 있는가?"

이에 관중이 답했습니다.

"먼저 물의 경우를 보면 우물은 그 물이 마를 때까지가 한계라고 할 수 있으며, 부의 경우에는 만족할 때가 그 한계입니다. 그러나 사람들이 만족할 줄 모르기 때문에 계속 욕심을 부리고 결국 파멸하고 맙니다."

부의 한계는 가진 것에 만족하는 것입니다. 끝없이 돈을 좇는 욕심을 버리고 재물보다 소중한 삶의 의미와 가치를 찾아야 행복합니다.

《명심보감》은 말합니다.

'사람은 재물 때문에 죽고 새는 먹이 때문에 죽는다(人爲財死인위재사 鳥爲食亡조위식망).'

새는 눈앞의 먹이 때문에 다가오는 위험을 모르고 있다가 죽습니다. 사람도 재물을 탐닉하다가 인생을 망치게 됩니다. 재물을 너무 탐하다 보니 모으기만 하고 베푸는 데 인색해지기 십상입니다.

돈의 무게는 잴 수 있지만, 행복의 무게는 잴 수 없다고 했습니다. 재물을 지키려다 소중한 사람들을 모두 잃지 않도록 재물 욕심을 내려놓아야 합니다.

근사하게 원문 읽기

緩者後於事 弘吝於財者失所親 信小人者失士
완 자 후 어 사   굉 린 어 재 자 실 소 친   신 소 인 자 실 사

08

부러우면 지는 것이다

기는 지네를 부러워하고, 지네는 뱀을 부러워하고,
뱀은 바람을 부러워하고, 바람은 눈을 부러워하고,
눈은 마음을 부러워하고, 마음은 기를 부러워한다.
_《장자》

• • •

《장자》〈추수편(秋水篇)〉에 나오는 '풍련심(風憐心)'이라는 글입니다.

전설상의 동물 중 발이 하나밖에 없는 외발 짐승 '기(夔)'라는
동물이 있었습니다. 기는 발이 하나밖에 없었기에 발이 100개나
있는 지네를 부러워합니다. 그런데 발이 많은 지네는 발이 없는
뱀을 부러워합니다. 발이 없는 뱀은 스스로 움직이지 않고도 멀
리 갈 수 있는 바람을 부러워합니다. 바람은 가만히 있어도 어디
든 가는 눈(目)을 부러워합니다. 눈은 보지 않고도 무엇이든 상상
할 수 있는 마음을 부러워합니다. 눈이 마음에게 세상에서 부러
운 것이 있느냐고 물어봅니다. 마음은 자신이 가장 부러워하는
것은 발이 하나밖에 없는 전설상의 동물이라고 대답합니다.

세상에 존재하는 모든 것은 서로를 부러워하고 있는 듯 보입니다. 자기가 갖지 못한 것을 상대가 가지고 있다고 믿고 한없이 부러워하며 삽니다. 실상 자신이 가진 것이 세상에서 가장 아름다운 것인지 모르고 말입니다. 상대방이 가지고 있는 지위, 부, 권력, 능력, 미모, 재능 등을 부러워하면서 늘 자기 자신을 엄하게 자책합니다. 이것이 바로 불행의 시작입니다.

《회남자》는 말합니다.

'못가에서 물고기를 보며 부러워하느니 돌아가서 그물을 짜는 게 낫다(臨淵羨魚임연선어 不如退而結網불여퇴이결망).'

이 말은 인생에서 원하는 게 있다면 그걸 얻기 위해 노력해야 한다는 뜻입니다.

정당한 노력 없이는 원하는 것을 얻기란 힘듭니다. 물고기를 얻고 싶다면 그물을 준비해야 합니다. 남을 부러워만 하고 있지 말고, 성공을 위해 준비해야 합니다. 차근차근 처음부터 지식을 습득한다든지, 능력을 갖춘다든지, 풍부한 경험을 쌓아가는 것입니다. 남이 이룬 걸 부러워만 하고 아무 노력도 하지 않는다는 것 자체가 실패한 삶입니다.

세상에서 가장 아름다운 것은 '나'입니다. 외발 짐승 기가 부러워하는 이야기로 시작한 장자의 글은 모든 이가 자신에게 없는 것을 가진 이를 부러워하는 세태를 꼬집고 있습니다.

남의 것을 부러워하며 욕심내기 전에 자신만이 가지고 있는 것을 활용해 이루고 싶은 꿈을 향해 실천해간다면 행복한 삶을 누리게 될 것입니다. 부러워만 하면 지는 겁니다.

근사하게 원문 읽기

夔憐蚿 蚿憐蛇 蛇憐風 風憐目 目憐心 心憐夔
기 련 현　현 련 사　사 련 풍　풍 련 목　목 련 심　심 련 기

09

고집과 아집을 버려야 내가 산다

공자께서는 네 가지를 절대로 하지 않으셨다.
사사로운 뜻을 품지 않으셨고 반드시 해야 한다는 일이 없으셨고
고집을 버리셨고 아집을 버리셨다.

_《논어》_

• • •

위의 글은 공자의 제자들이 스승의 평소 삶을 보고 느꼈던 점을 기록한 것입니다. 공자가 일상에서 보여주던 모습, 제자들에게 강조했던 가르침을 통해 진정한 군자로서 해서는 안 되는 것을 네 가지로 집약한 글입니다.

'무의(毋意)'는 '사사로운 뜻이 없다'는 뜻으로, 공명정대함입니다. 자신의 이익이나 욕심에 사로잡혀 자기 생각만이 옳다고 주장하며 다른 사람을 인정하지 않는 교만을 부리지 않았습니다.

'무필(毋必)'은 '반드시 해야 할 일이 없다'는 뜻으로, 순리에 벗어난 일은 하지 않았다는 의미입니다. 내 생각만이 옳다고 억지를 부려 상대방을 내 방식대로 조정하려는 행동은 잘못된 행동입

니다. 타협의 여지는 조금도 없는, 남의 말을 귀담아듣지 않는 태도를 경계했다는 말입니다.

'무고(毋固)'는 '고집을 버린다'는 뜻으로, 자신만의 신념이나 원칙에 집착하지 않는다는 의미입니다. 공자는 상황에 따라 적용하는 것이 다를 수 있다는 유연한 사고를 지니고 살았습니다.

'무아(毋我)'는 '아집이 없다'는 뜻으로, 모든 일을 자신의 이익을 위해서만 취하지 않는다는 것을 말합니다. 대의를 위하기보다 개인의 욕심을 채우며 살지 않는 공자의 모습입니다.

지나친 자존심과 편견은 사람들과의 관계를 망치게 합니다. 자신을 너무 소중하게 여긴 나머지 자기 자신은 있고 남이 없는 사람이 많습니다.

지혜로운 사람은 자신의 현실을 정확히 파악한 사람입니다. 자신의 장단점, 약점, 강점 등을 정확히 파악하고 스스로 노력합니다.

세상에서 제일 무서운 말은 '반드시'입니다. 매 순간이 변화하는 시대에 반드시 지켜지고 반드시 해야 하는 일은 많지 않습니다.

지금 옳다고 생각한 판단이 잠시 뒤에는 옳지 않은 판단이 되기도 합니다. 자신의 부족한 점을 인정할 수 있는 겸손함이 필요합니다. 고집과 아집을 버려야 내가 삽니다.

터무니없는 자존심을 버리고 이룰 수 없는 과도한 욕심도 내려놓아야 합니다. '버린다'는 것은 '포기했다'는 의미가 아닙니다.

버려야 다시 새것으로 채워집니다.

자신만을 높이는 잘못된 자존심을 버리고 스스로를 솔직하게 들여다볼 줄 아는 마음을 가져야 합니다.

子絶四 毋意 毋必 毋固 毋我
자 절 사 무 의 무 필 무 고 무 아

10

돌아가는 것이 가장 빠를 수 있다

그러므로 그 길을 내가 멀리 돌아가더라도 적에게 이로운 듯이 유인하여
적보다 늦게 출발하고도 더 빨리 도착하는 것이니
이것을 '우직지계(迂直之計)'를 아는 것이라고 한다.

《손자병법(孫子兵法)》

• • •

《손자병법》의 '우직지계(迂直之計)'는 '곧장 가는 것보다 우회하
는 것이 낫다'는 뜻인데, 가까운 길이라고 곧바로 가는 것이 아니
라 돌아갈 줄도 알아야 한다는 계책입니다.

급할수록 돌아가라는 의미처럼 때로는 돌아가는 길이 빨리 가
는 길일 수 있습니다. 길이 막혀 우회해서 돌아갔을 때 목적지에
더 빨리 도착했던 경험이 한 번쯤은 있을 것입니다.

영국의 군사이론가 리델 하트는 자신이 집필한《전략》에서 280
개의 전쟁을 연구한 결과, 직접 공격해서 승리한 경우는 불과 6건
에 불과했고, 나머지는 모두 돌아서 공격하는 간접 공격으로 승
리했다고 분석했습니다. 모두가 쉽게 예상되는 직진의 길에는 지

뢰와 장애물과 병력이 집중적으로 배치되지만, 돌아가면 이러한 적의 저항이 적었기 때문이라는 것입니다.

인간사라는 것이 원래 그렇습니다. 눈앞의 이익에만 눈이 멀어 곧바로 달려들면 일이 잘 풀리지 않습니다. 오히려 돌아가고 양보하고 손해를 보았을 때 결국 자신이 원하는 만큼의 이로움 혹은 목적지에 빨리 도달할 수 있습니다.

'우직지계'의 지혜로 임금을 깨닫게 한 이야기 하나가 있습니다.

춘추전국 시대, 제나라 재상 안영은 제나라 왕 경공을 모시고 사냥을 나갔습니다. 임금의 사냥감을 관리하던 사냥터지기가 부주의해서 왕이 사냥한 사냥감을 잃어버리는 일이 벌어집니다. 경공이 매우 화가 나서 사냥터지기의 목을 베라고 명합니다. 모두 어찌할 바를 몰라 하는데, 그때 안영이 사냥터지기를 끌고 나오라고 하며 큰 소리로 그의 죄목을 세 가지로 들어 추궁합니다.

"너는 세 가지 죄를 범했다. 첫째는 너의 맡은 바 임무인 군주의 사냥감을 잃어버린 것이다. 둘째는 너의 잘못으로 인해서 군주가 한낱 사냥감 때문에 사람을 죽이게 해서 부덕한 군주로 만들었다. 셋째는 이 소문이 퍼져 세상 사람들에게 한낱 사냥감 때문에 사람을 죽인 군주라고 비난을 받게 만든 것이다."

잘 보면 안영이 사냥터지기를 추궁하는 말 속에 우회적으로 임금에게 전달하고 싶은 뜻이 담겨 있습니다. 안영의 간언을 들은 왕은 사냥터지기를 놓아주라고 명합니다.

　그렇게 안영은 자신이 모시는 군주에게 직접 맞서지 않고 우회적인 방법으로 신하의 도리를 다하면서 군주를 바른길로 인도했습니다.

　세상일은 직진보다 곡선이 정답일 때가 있습니다. '늦었다고 할 때가 가장 빠르다'는 말처럼, 세상일이 잘 풀리지 않으면 돌아가는 것이 곧장 가는 것보다 빠를 수 있습니다. 마음에 개인적인 욕심이 가득 차면 눈앞의 성과만 생각하게 됩니다. 세상을 보는 넓은 시야를 가지고 지혜로운 안목을 키워야 합니다.

故迂其途而誘之以利 後人發 先人至 此知迂直之計者也
고 우 기 도 이 유 지 이 리　후 인 발　선 인 지　차 지 우 직 지 계 자 야

11

어떻게 늙느냐가 중요하다

아들이 많으면 못난 아들도 있어 걱정의 씨앗이 되고
부자가 되면 쓸데없는 일이 많아져 번거롭고
오래 살면 욕된 일을 많이 겪는다.

_《장자》

• • •

요임금이 전국을 돌아다니다가 화(華)라는 변경에 이르렀을 때,
국경을 지키는 하급 관리가 공손히 머리를 숙이며 만수무강과 부
자와 자식을 많이 두기를 기원합니다. 이에 대하여 요임금이 "아
들이 많으면 못난 아들도 있어 걱정의 씨앗이 되고, 부자가 되면
쓸데없는 일이 많아져 번거롭고, 오래 살면 욕된 일을 많이 겪는
다"라고 대답합니다.

오래 살고 싶은 것은 모든 인간의 기본 욕망입니다. 한국인의
평균수명이 100세 시대에 도달했다는 뉴스를 많이 접하는 요즘
입니다. 오래 산다는 것은 좋다고 생각했던 옛날과 다르게 요즘
은 그리 좋은 일만은 아니라고 생각하는 사람이 많아지고 있습니

다. 그 이유는 아마도 오래 살다 보면 좋은 일도 많이 겪게 되지만, 더불어 나쁜 일도 많이 겪게 되기 때문일 것입니다.

장수가 행복이 아닌 불행이 될 수 있다고 해서 '장수의 저주'라고까지 표현하기도 합니다. 특히 급속한 경제발전에만 매진한 한국인들은 노후 준비를 철저히 하지 못해 돈 없이 노후를 길게 사는 것에 대한 두려움이 많습니다. 노인들과 젊은이들 간의 세대 갈등도 심각합니다. 앞으로 이런 갈등은 더욱 심각해질 것임을 전문가들은 예측하고 있습니다.

이런 여러 상황을 감안하면 얼마나 오래 사느냐는 중요하지 않습니다. '어떻게 늙어가느냐'가 중요합니다. 오래 살아도 부끄럽지 않으려면 노후에도 일할 수 있는 노인이 되어야 합니다. 한마디로 자기계발을 끊임없이 해야 합니다. 그렇게 해야 추하게 욕보이지 않는 모습으로 장수의 삶을 누릴 수 있습니다. 나이가 벼슬이라도 된 듯이 고집과 아집으로 똘똘 뭉친 고약한 노인은 그 어디에서도 환영받을 수 없습니다.

요임금과 관리의 대화 뒷이야기입니다. 요임금의 대답을 들은 관리는 툴툴대는 어투로 말하고는 홀연히 자리를 떠납니다.

"요임금 당신은 성인인 줄 알았는데 알고 보니 아주 속이 좁은 사람입니다. 자식이 많으면 각각 좋아하는 일을 시키면 될 것이고, 재산이 많으면 형제와 친척과 이웃과 나눠 가지면 될 것이고,

오래 살면 행동을 조심하고 분수를 지키면 될 것인데 그것이 뭐 걱정이란 말입니까?"

관리는 세상이 정상이면 세상 사람들과 함께 번영을 누리고, 정상이 아니면 스스로 덕을 닦고 은둔하며 살다가 죽으면 그만이라는 말을 덧붙이기도 합니다.

의미 없이 장수만 하는 것은 부질없지 싶습니다. 장수하는 것이 정말 축복이 될지, 저주가 될지는 본인 자신이 만든다고 생각합니다.

건강하게 장수하고 싶은 우리의 소원을 이루기 위해서는 젊은 시절부터 좋은 음식 섭취와 바른 생활 습관으로 살아가야 합니다. 그렇게 할 때 100세 시대를 충분히 누릴 수 있습니다. 오래 살아도 부끄럽지 않은 사람이 될 준비가 필요합니다.

多男子卽多懼 富卽多事 壽則多辱
다 남 자 즉 다 구　부 즉 다 사　수 즉 다 욕

12

하얀 바탕을 먼저 만들어라

자하가 여쭈었다.

"(시경에) '애교 있는 웃음과 예쁜 보조개여! 아름다운 눈과 맑은 눈동자여! 흰 바탕 위에 색칠을 한다'라는 구절이 있는데 무슨 의미인지요?"

공자께서 말씀했다.

"그림 그리는 일은 흰바탕이 있는 후에 가능하다는 뜻이다."

자하가 말했다.

"그렇다면 결국 예는 그다음이라는 뜻이겠는지요?"

공자께서 말씀했다.

"나를 일으키는 자는 내 제자 상(자하)이로구나! 비로소 너와 함께 시를 이야기할 만하구나."

_《논어》

•••

공자의 제자 자하가 물었습니다.

"스승님,《시경》에 '아름다운 웃음과 예쁜 보조개! 아름다운 눈동자의 여인이여! 하얀 바탕이 있어야 그것이 의미가 있지!'라는 시구가 나오는데 무슨 의미입니까?"

이에 공자는 "회사후소(繪事後素)"라고 답합니다.

이는 '아름다운 그림과 채색은 하얀 바탕이 있어야 비로소 빛을 발한다'는 뜻입니다. 겉으로 아무리 예쁜 표정을 짓고 눈웃음을 쳐도 마음이 아름답지 못하면 그 아름다움은 잠깐일 뿐 오래가지 못한다는 것입니다.

겉으로 드러나는 외모나 능력으로 사람을 판단하는 현시대에 어울리지 않는 말일 수 있습니다. 학벌과 스펙이 사람의 능력을 평가하는 중요한 기준이 되었습니다. 과연 이런 것으로 사람을 평가할 수 있을까요? 겉으로만 드러나 보이는 것이 아닌, 내면에 어떤 인격을 갖추고 있는지도 알아야 합니다.

마음이 얼굴로 드러난다고 하지만 쉽게 판단하기 힘듭니다. 다만 예쁜 얼굴과 준수한 외모를 가지고 있어도 내면이 아름답지 않으면 빛이 날 수 없습니다. 겉으로 아무리 예쁜 표정을 짓고 눈웃음을 쳐도 마음이 아름답지 못하면 그 아름다움은 잠깐일 뿐 오래가지 못합니다. '얼굴이 예쁘다고 여자냐, 마음이 예뻐야 여자지'라는 유행가 노랫말처럼, 정말 마음이 예뻐야 아름다운 사람입니다.

외모지상주의 만연한 요즘 시대에 내면의 아름다움은 무시하고 겉모습을 화려하게 꾸미는 것에만 집중합니다. 내면의 공허함을 채우지 못하고 외모지상주의로 가는 현실이 매우 안타깝습니다. 남녀가 사랑할 때도 각자의 마음을 보지 못하고 겉에 드러나 보이는 외모와 그들이 가진 조건들을 봅니다. 처음엔 어느 정도

맞는 것 같아도 시간이 지나면 마음들이 공허해져 관계가 오래 지속되기 어렵습니다.

후한의 명장 마원이 조카 마엄과 마돈에게 좋은 사람들과 어울릴 것을 당부하는 서신을 보냅니다. 그는 독실하고 겸손하며 청렴한 '용백고'라는 사람과 호탕하고 의리를 중시하는 '두계량'이라는 사람을 예로 듭니다.

'용백고를 닮으려고 하면 비록 실패하더라도 신실한 사람은 될 수 있다. 하지만 두계량을 본받으려다가 실패하면 호걸은커녕 천하의 경박한 사람이 될 수 있다. 호랑이를 그리려다 잘못하면 개를 그리게 된다.'

여기서 '용백고'는 내면에 충실한 사람이고, '두계량'은 외면적인 강함만을 추구하는 사람입니다. 그 당시 마돈이 건달들과 어울리는 것을 알고 마원은 마돈에게 혈기만 믿고 함부로 행동하다가 잘못된 길로 빠질 수 있다는 것을 서신으로 경고한 겁니다.

인격이 뒷받침되지 못하고 겉모습만 닮으려고 하면 허풍과 가식이 가득한 사람이 됩니다. 겉모습은 늘 내면이 갖춰져 있을 때 더욱 빛나 보이는 것입니다. 마원은 조카 마돈이 외면의 용맹함과 호탕함이 반드시 배움과 수양으로 보완되어 겉으로 드러나길 원해서 호랑이를 그리려다 잘못하면 개를 그리게 될 수 있다고 따끔하게 경고한 겁니다. 이는 그림 그리는 일은 '하얀 바탕이 있은 후에 할 일이다'라는 공자의 말과 비슷한 의미입니다.

내면의 아름다움이 받쳐주지 않는 외모는 허상이며 절대 아름
답지 않습니다. 무엇이 먼저인지를 알아야 합니다. 공자의 제자
자하가 깨우친 진리처럼 본성을 먼저 수양한 후에 형식이 뒤따라
야 합니다. 사람이 먼저이지, 재물과 겉치레가 먼저가 아닙니다.

子夏問曰 巧笑倩兮 美目盼兮 素以爲絢兮 何謂也 子曰 繪事後素
자 하 문 왈 교 소 천 혜 미 목 반 혜 소 이 위 현 혜 하 위 야 자 왈 회 사 후 소

曰 禮後乎 子曰 起予者 商也 始可與言詩已矣
왈 예 후 호 자 왈 기 여 자 상 야 시 가 여 언 시 이 의

13

쓸데없는 근심을 내려놓으라

덕이 닦아지지 않는 것, 학문이 탐구되지 않는 것,
어떻게 하는 것이 의로운지를 알면서도 실천에 옮기지 못하는 것,
선하지 않은 점을 고치지 못하는 것,
이것이 나의 걱정거리이다.

_《논어》_

•••

걱정을 안고 사는 사람이 많습니다. 자식, 직업, 건강, 돈, 인간 관계, 사회생활 등 모든 것에 대해 걱정을 하다 보면 인생은 근심의 인생이 되어버립니다. 그리 크게 근심할 것이 없음에도 스스로 걱정거리를 만들고 사는 사람이 많습니다.

《논어》에 공자가 자신의 평생 근심거리를 이야기하는 글이 있습니다. 공자의 근심은 우리와는 다른 근심입니다. 공자의 근심은 네 가지입니다. 첫째, 인격을 제대로 연마하지 않는 것에 대한 근심, 둘째, 배움을 열심히 익히지 않는 것에 대한 근심, 셋째, 옳은 것을 듣고 실천하지 않는 것에 대한 근심, 넷째, 좋지 못한 것을 고치지 않는 것에 대한 근심입니다.

공자의 근심은 아름다운 근심처럼 보입니다. 인격을 도야하고, 배움을 추구하며, 옳은 것을 지향하고, 새로운 나를 찾아가는 것에 대한 근심은 위대하고도 아름다운 근심이고 꼭 필요한 근심으로 보입니다. 나 자신을 돌아보고 주변을 생각하며 어떻게 사는 것이 인간답게 사는 건지 고민하는 근심이야말로 자주 그리고 깊이 있게 해야 할 것이지 싶습니다.

현대성공과학연구원에서 엮은 《마침표를 찍어라》는 말합니다.

'걱정의 40%는 절대 현실로 일어나지 않고, 30%는 이미 일어난 일에 대한 것이며, 22%는 사소한 고민이며, 4%는 우리 힘으로 어쩔 도리가 없는 일에 대한 것이다. 마지막 걱정의 4%만이 우리가 바꿔놓을 수 있는 일에 대한 걱정이다.'

우리가 걱정해서 해결될 걱정은 고작 4% 정도 됩니다. 걱정은 많은 부분이 일어나지도 않은 미래에 대한 걱정일 때가 많습니다. 미래는 현재의 생각과 행동이 만들어냅니다. 그렇다면 걱정만 하지 말고 걱정이 되지 않도록 행동으로 실천해서 걱정거리를 해결하는 방법이 더 현명합니다. 정작 해야 할 걱정은 안 하고, 안 해도 될 걱정은 하며 잠 못 이루고 있는 것은 아닌지 스스로 돌아봐야 할 때입니다.

기나라에 걱정 많은 사람이 살고 있었습니다. 그는 늘 이것저것 걱정을 하느라 밥도 못 먹고 잠도 제대로 자지 못했습니다. 걱정거리들이 점점 심각해지더니, 마침내 하늘과 땅이 무너지면 어떻게 해야 하는지 모르겠다는 걱정을 하다가 물 한 모금도 못 먹을 지경에 이르렀습니다.

이 소식을 들은 친구가 찾아와서 하늘과 땅은 절대 무너지지 않으니 걱정하지 말라는 얘기를 듣고 그제야 안정을 되찾게 되었습니다.

《열자》에 나온 이 이야기는 우스갯소리 같지만, 우리의 삶에서의 걱정과 고민도 기나라 사람과 별반 다르지 않을 때가 많습니다.

"걱정해서 걱정거리가 없어진다면 걱정이 없겠다."

흔히 하는 이 말이 정답처럼 들립니다.

정작 해야 할 걱정은 안 하고 안 해도 될 걱정에 시간과 비용을 들이고 있는지 생각해봐야 합니다. 쓸데없는 근심은 내려놓고 공자의 위대한 근심처럼 우리도 인격 수양과 배움과 옳을 것을 지향하고, 새로운 나를 만들어가는 것에 더 힘을 써야 할 때입니다.

근사하게 원문 읽기

德之不修 學之不講 聞義不能徙 不善不能改 是吾憂也
덕 지 불 수 학 지 불 강 문 의 불 능 사 불 선 불 능 개 시 오 우 야

14

욕심을 줄이면 행복은 배가 된다

마음을 수양함은 욕심을 적게 하는 것보다 더 좋은 것이 없으니,
그 사람됨이 욕망이 적으면 비록 보존되지 않음이 있더라도
(보존되지 않은 것이) 적을 것이요,
사람됨이 욕망이 많으면 비록 보존됨이 있더라도
(보존된 것이) 적을 것이다.

_《맹자》

• • •

욕심은 적당하면 약이 되지만 너무 지나치면 독이 되어 인생을 망칠 수 있습니다.

욕심 때문에 인간관계가 무너지거나 무리한 사업 확장으로 사업 실패를 한 사람들을 쉽게 볼 수 있습니다. 눈앞에 많은 돈이 있다 하더라도 내 돈이 아니면 욕심을 버리고 포기해야 합니다. 지나친 욕심의 끝은 늘 불행입니다.

맹자는 마음을 수양하는 데 욕심을 적게 하는 것보다 더 좋은 것이 없다고 했습니다. 욕망이 적으면 비록 보존되지 않음이 있더라도 보존되지 않은 게 적을 것입니다. 욕망이 많으면 비록 보존됨이 있더라도 하늘이 보존해주는 게 적을 것입니다. 욕심이

너무 많으면 마음을 다스리기 어렵습니다. 마음을 잘 다스리려면 반드시 욕심을 줄여야 합니다.

욕심을 잠재우는 가장 좋은 방법은 만족을 아는 것입니다. 이와 관련하여 《명심보감》〈안분편(安分篇)〉은 말합니다.

'만족함을 아는 사람은 가난하고 천해도 즐겁고, 만족함을 모르면 부하고 귀해도 근심한다. 만족할 줄 알아 늘 만족하면 종신토록 욕되지 않고, 그칠 줄 알아 늘 그치면 종신토록 부끄러움이 없다. 교만은 손해를 부르고 겸손은 이익을 받는다.'

겸손함은 스스로 만족함을 알아 절제하는 것이고, 교만함은 스스로 만족하지 못해 탐욕을 부리는 것입니다. 스스로 만족하지 못하고 욕심을 부리면 평생 근심 속에 살아야 합니다. 만족하지 못하고 계속 무엇인가 욕심을 더 낸다면, 마음은 평안하지 않을 것이고, 불행할 것입니다. 반대로 가진 것에 만족하고 감사해한다면 평안하며 행복합니다. 욕심을 줄이면 행복은 배가 됩니다.

마음을 다스리는 데 욕심을 적게 갖는 것보다 좋은 방법은 없습니다.

養心莫善於寡欲 其爲人也寡欲 雖有不存焉者 寡矣 其爲人也多欲
양 심 막 선 어 과 욕　기 위 인 야 과 욕　수 유 부 존 언 자　과 의　기 위 인 야 다 욕

雖有存焉者 寡矣
수 유 존 언 자　과 의

15

비울수록 더 채워지고 베푸는 대로 받게 된다

한평생 밭둑 경계를 양보하더라도
불과 한 계단을 잃지 않을 것이며
한평생 길을 양보하더라도
불과 백 걸음을 굽히지 않을 것이다.

_《명심보감》

• • •

위의 글은 평생 은거하며 살았던 당나라 주인궤라는 사람의 말입니다. 한평생 양보만 하고 살았지만 뒤돌아보니 결코 손해만이 아니었다는 자신의 경험이 녹아들어 있습니다.

대다수의 우리는 내 것은 소중해서 하나도 내어줄 수 없다는 듯이 각박하게 살아갑니다. 욕심을 부리며 악착같이 살지만, 행복하기보다는 도리어 더 허탈해 보입니다.

베풂과 나눔에 힘쓰는 이들은, 사람으로서 당연한 일을 한 것이며 베풂과 나눔의 행동으로 더 행복하고 즐거워졌다고 고백합니다. 하늘의 이치는 기쁨과 즐거움, 걱정과 근심, 이 모든 것을 베푼 대로 받게 합니다. 베풀고 양보하는 삶이 더욱 행복하고 풍

요로운 삶일 수 있습니다. 비울수록 채워진다고 했습니다. 더 베풀면 더 많은 것을 얻게 됩니다.

'연예인 최고의 기부 스타 톱 7'이라는 신문 기사를 봤습니다. 1위는 가수 하춘화 씨였습니다. 기부액이 200억으로, 그녀는 연예계 최고 기부 스타였습니다. 가수 활동을 시작한 10대 시절부터 지금까지 48년간 꾸준히 기부하고 있었습니다. 돈이 아깝지 않냐는 사람들의 질문에 그녀는 한 번도 이게 내 돈이라고 생각한 적 없다고, 나누기 위해 생긴 돈으로 생각한다고 답했습니다.

'아플 때까지 주지 말고, 기분이 좋을 때까지 주어라'라는 말이 있습니다. 더 많이 줄수록 더 많이 가질 수 있다고 합니다.

한평생 길을 양보해도 백 걸음도 뒤처지지 않았고, 한평생 밭두렁을 양보했지만 밭 한 구역도 잃지 않았다는 말이 가슴 깊게 와닿습니다.

안네 프랑크는 "누구도 기부로 가난해진 적이 없다"라고 했습니다. 비울수록 더 채워지고 베푸는 대로 더 많은 것을 받게 됩니다.

근사하게 원문 읽기

終身讓畔 不失一段 終身讓路 不枉百步
종 신 양 반 불 실 일 단 종 신 양 로 불 왕 백 보

16

사치와 검소 그리고 인색함을 바로 알라

사치스러우면 공손하지 않고 검소하면 고루한데
공손하지 않은 것보다는 차라리 고루한 것이 더 낫다.
_《논어》

• • •

공자는 말했습니다.

"사치하면 공손하지 않고, 검소하면 고루하다."

검소한 것은 좋지만, 인색하면 안 된다는 말입니다. 공자가 말한 검소함이란 쓸데없는 소비는 줄이고 예의에 합당한 소비를 말합니다. 인색함이란 몹시 궁한 사람을 도와주지 않는 것을 말합니다.

'베풀되 사치스럽지 않게, 검소하되 인색하지 않게 하라.'

이것이 공자가 말하고자 한 핵심입니다. 그런데 세상 사람들은 이와 반대로 베푸는 데는 사치스럽게 하고, 검소한 데는 인색하게 합니다. 검소함에는 마음의 겸손함이 포함되어야 합니다. 베풀되 교만한 마음으로 해서는 안 됩니다. 검소하되 어려운 사람을 돕는 마음까지 인색하게 아껴서는 안 됩니다.

사마광이 아들 사마강에게 근검절약의 정신을 훈계하기 위해 쓴 《훈검시강(訓儉示康)》에는 이런 말이 있습니다.

'검소에서 사치로 들어가기는 쉽고, 사치에서 검소해지기는 어렵다.'

패가망신하지 않고 부를 이루는 비결은 바로 '검소함'입니다. 부를 추구하고 부를 즐기려는 욕망을 조절하기란 쉽지 않습니다. 한 번 빠지면 헤어나기 어려운 것이 부의 즐거움입니다.

사치와 검소 그리고 부에 대한 가치관을 올바르게 정립하는 것이 매우 중요합니다. 흔히 말하는 '부의 그릇', '돈 그릇'이 준비된 사람만이 부를 누릴 수 있습니다. 자신에게는 검소하게, 도움이 필요한 사람에게는 아낌없이 쓸 줄 아는 사람이 부자입니다.

내가 베풀지도 않으면서 남이 베풀어주기만을 바라는 것은 오만입니다. 어려울 때 친인척이나 친구, 지인들이 돕지 않아 서운해도 생각을 달리 가져야 합니다.

'저 사람이 사정이 있거나 힘이 미치지 못하기 때문일 것이다.'

이렇게 생각해야 마음이 편합니다. 나는 이렇게 해줬는데 저 사람은 나와 다르게 갚지 않는다 생각하면 마음이 불편해지고 결국 관계가 어긋납니다. 베풀 때는 보답을 바라지 않는 것이 제일 좋습니다.

사치와 검소 그리고 인색함을 잘 구분해서 욕심 없이 베푸는
삶과 욕망을 조절하는 법을 익혀나가야 합니다.

奢則不孫 儉則固 與其不孫也 寧固
사 즉 불 손 검 즉 고 여 기 불 손 야 녕 고

17

향락에 빠지면 본성을 잃는다

화려한 색을 추구할수록 인간의 눈은 멀게 된다.
세밀한 소리를 추구할수록 인간의 귀는 먹게 된다.
맛있는 음식을 추구할수록 사람의 입은 망가지게 된다.
말달리고 사냥하는 것은 인간의 마음을 미치게 한다.
얻기 힘든 물건(재화)에 마음을 빼앗기면
사람의 행동은 무자비하게 된다.

_《도덕경》

• • •

끝없는 욕망을 충족시키기 위해서 인간은 몸과 정신을 모두 쏟
아부으며 시간과 재물을 허비하고 삽니다. 문명의 화려함 속에서
점점 파괴되는 인간성을 안타까워하며 노자는 《도덕경》에 글을
남깁니다.

'화려한 색을 추구할수록 인간의 눈은 멀게 된다. 세밀한 소리
를 추구할수록 인간의 귀는 먹게 된다. 맛있는 음식을 추구할수
록 사람의 입은 망가지게 된다. 말달리고 사냥하는 것은 인간의
마음을 미치게 한다. 얻기 힘든 물건에 마음을 빼앗기면 사람의

행동은 무자비하게 된다.'

절제되지 않는 욕망의 표출은 개인뿐만 아니라 주변에도 많은 문제를 일으킵니다. 순간적인 욕망에 사로잡혀 마치 눈앞에 보이는 것이 전부인 양 행동하면, 결국 삶의 균형이 무너지고 모든 것이 망가질 수 있습니다. 이렇듯 욕망을 제어하지 못하면 작은 선택 하나가 큰 후회를 불러올 수 있음을 명심해야 합니다.

절제되지 않고 무자비한 문명들의 폐해를 노자는 경고합니다. 화려한 색, 세밀한 소리, 맛있는 음식, 광기 어린 취미, 귀한 물질에 대한 애착은 결국 인간의 순수한 본성을 망가뜨리고 무너지게 합니다. 버려야 할 것은 버리고, 꼭 가져야 할 것만 가져야 합니다.

제나라 재상 관중은 자신이 모시는 환공에게 잘못한 일을 바로잡아 바른길로 가도록 간언하는 것을 주저하지 않았습니다.

하루는 환공이 술자리가 너무 좋아 날이 저물어서까지 술자리를 즐기고 싶어 촛불을 찾았습니다. 그러자 관중은 말합니다.

"무릇 맛을 밝히는 사람은 덕에 소홀해지고, 향락에 탐닉하는 사람은 근심으로 끝납니다."

그러고는 궁으로 돌아가길 간언합니다. 진심이 담긴 관중의 간언을 들은 환공은 그날 이후 쓸데없는 근심거리와 거리를 둘 수 있었습니다.

높은 지위에 있는 사람은 진귀한 음식과 향락을 누릴 기회가 많습니다. 조심하지 않으면 근심할 일이 많이 생길 수 있습니다. 향락에 빠지면 본성을 쉽게 잃게 됩니다.

스스로 자제할 수 있어야 합니다. 혹 스스로 자제하기가 어렵다면 충고해줄 사람을 곁에 두는 것도 좋습니다.

五色令人目盲 五音令人耳聾 五味令人口爽
오 색 영 인 목 맹 오 음 영 인 이 롱 오 미 영 인 구 상

馳騁畋獵令人心發狂 難得之貨令人行妨
치 빙 전 렵 영 인 심 발 광 난 득 지 화 영 인 행 방

18

욕망은 사람의 본성을 흐리게 한다

물의 본성은 맑은데 흙이 흐리게 하고
사람의 본성은 고요한데 욕망이 어지럽힌다.

_《회남자》

...

위의 글은 인간이 욕망에 휩싸이면 자기 본연의 모습을 유지하지 어렵다는 사실을 말합니다. 맑은 물도 흙이 들어가면 탁한 물이 되듯이 인간의 깨끗한 본성이 욕망으로 사로잡히면 눈이 어두워지고 사리분별력을 잃어버립니다. 그렇기에 욕망의 유혹에서 벗어나려 노력해야 합니다.

어느 날 한 사내가 송나라 재상 자한에게 다듬지 않은 옥을 바치려고 찾아왔습니다. 자한이 거절을 하자 사내가 말합니다.

"옥 가공인에게 감정을 해보니 잘 다듬기만 하면 엄청난 보물이 될 수 있다고 합니다. 그러니 받아주십시오."

이에 자한이 대답합니다.

"나는 탐하지 않는 마음을 보물로 삼고 있소. 그런데 그대는 옥을 보물로 삼는구려. 그렇다면 내가 이 옥을 받으면 우리는 모두 보물을 잃게 되겠구려. 반대로 내가 이 옥을 받지 않으면 우리 둘의 보물을 모두 온전히 보전할 수 있지 않겠소?"

자한은 결국 사내의 옥 선물을 받지 않았습니다. 그리하여 탐하지 않겠다는 자신의 마음을 지켰고, 그 사내는 자신의 옥 보물을 지키게 됩니다.

자한의 '탐하지 않는 마음'을 잃지 않으려 한 노력에서 교훈을 얻습니다. 욕망은 끝이 없습니다. 나쁜 욕망은 한순간 사람의 본성을 흐리게 하며 패가망신의 길로 접어들게 합니다. 조금이라도 방심하면 맑고 순수한 마음은 어지럽게 됩니다. 어린아이 같은 마음을 지켜나가는 것이 욕망에서 자유로운 성인군자가 되는 지름길일 수 있습니다.

근사하게 원문 읽기

水之性淸 而土汨之 人性安靜 而嗜慾亂之
수 지 성 청 이 토 골 지 인 성 안 정 이 기 욕 난 지

19

큰 그릇은 늦게 만들어진다

자하가 거보의 읍재(邑宰)가 되어 정치를 묻자,
공자께서 답하셨다.
서두르지 말고 작은 이익을 보지 말라.
서두르면 달성하지 못하고, 작은 이익을 보면 큰일을 이루지 못한다.
_《논어》

• • •

공자의 제자 자하가 거보라는 읍의 재상이 되었습니다. 큰 고을
은 아니지만 잘 다스리고 싶은 마음에 정치 잘하는 비법을 스승께
물었습니다. 공자는 자하에게 "빨리 성과를 내려고 욕심부리지
말고 작은 이익에 마음을 빼앗기지 말라"라고 조언했습니다.

빠른 결과를 원하게 되면 누구나 마음이 조급해집니다. 마음이
조급하고 초조해지면 무리한 일 또는 법을 어기는 일을 하게 되
고 그렇게 하다 보면 오히려 일이 더 늦어지기 쉽습니다. 또 작은
이익을 탐하다 보면 원대한 계획은 세울 수 없습니다.

크고 위대한 일들은 시간과 노력이 많이 필요합니다. 작은 이
익에 익숙한 사람은 절대로 큰일을 이룰 수 없습니다.

삼국 시대 위나라에 최염이라는 명장이 있었습니다. 그에게는 최림이라는 사촌 동생이 있었는데, 최염보다 빈약하고 출세도 늦어 친족들에게 멸시당했습니다. 하지만 최염은 최림의 재능을 꿰뚫어 보고 힘이 되는 조언을 해줬습니다.

"큰 종이나 큰 솥은 쉽게 만들어지는 것이 아니다. 이처럼 큰 인물도 성공하기까지는 오랜 시간이 걸리는 법이다. 너도 큰 인물이 될 상이니 좌절하지 말고 열심히 노력해라. 반드시 너는 큰 인물이 될 것이다."

최염 말대로 최림은 훗날 삼공(三公)에 이르렀습니다.

이 이야기가 바로 '대기만성(大器晩成)'의 유래입니다.

학문수양, 인격도야는 빨리 이룰 수 있는 게 아닙니다. 큰일을 이루려면 단기간에 이루려는 마음, 작은 이익을 좇으려는 마음부터 버려야 합니다. 큰 그릇은 늦게 만들어지는 법입니다. 위대한 일들은 시간과 노력이 많이 필요합니다. 큰 꿈을 이루고 싶다면 이 진리를 마음 깊이 새겨놓아야 합니다.

근사하게 원문 읽기

子夏爲莒父宰 問政 子曰 無欲速 無見小利 欲速則不達
자 하 위 거 보 재 문 정 자 왈 무 욕 속 무 견 소 리 욕 속 즉 부 달

見小利則大事不成
견 소 리 즉 대 사 불 성

20

재물이 아닌 덕성을 보고 결혼하라

문중자가 말했다.
혼인하는 일에 재물을 이야기하는 것은 오랑캐의 도리다.
_《소학》

• • •

수나라 선비 문중자가 옛날 매매혼의 잘못된 풍속을 지적한 말입니다. 결혼은 부와 권력의 만남이 아니라 두 사람의 사랑으로 맺어져야 한다는 것을 강조한 말입니다. 현재의 결혼 풍습에도 따끔하게 충고하는 지점이 있습니다.

남자와 여자 쪽이 서로의 덕성을 보고 결혼 상대자를 택해야 하는데 재물을 주고받은 것을 예로 삼으면 안 된다는 원칙을 제시합니다. 그런데 과연 현실에서 이 원칙이 지켜질까요? 특히 부모와 자식의 유대관계가 유달리 더 친밀한 우리나라에서는 더 힘들지 싶습니다.

부모의 사회적 지위에 따라 자녀의 결혼이 결정되는 것을 어렵지 않게 볼 수 있습니다. 자식의 결혼에 부모의 전 재산을 몰아넣어서 자녀의 결혼을 성사시키는 일도 심심치 않게 봅니다. 간혹 조건부 결혼을 하는 것을 보면 돈을 의식하고 부부의 연을 맺는 경우들이 있습니다. 고액의 예식 비용에서부터 갖가지 명목으로 혼수비용을 지출합니다. 그런 조건들이 맞지 않으면 즉시 갈라서기도 합니다.

이런 혼인이 바로 재물을 논하는 오랑캐들이나 하는 짓이라고 문중자가 비판하고 있는 것입니다.

결혼을 생각한다면 재물이 아닌 서로의 지향점이 맞는지를 먼저 봐야 합니다. 서로 생각이 잘 맞는지, 서로 같이 있으면 편안한지, 서로 배려심은 있는지 등등 이런 부분을 맞춰봐야 합니다. 결혼은 행복해지려고 하는 겁니다.

사랑은 상대방이 원하는 방식으로 해야 합니다. 내 사랑이 지극하고 깊어도 사랑 방식이 잘못되었다면 그 사랑은 사랑이라고 할 수 없습니다.

말(馬)을 아끼고 사랑하는 사육사가 있었습니다. 그는 말을 너무 사랑한 나머지 말의 똥을 광주리에 정성껏 받아내고, 말의 오줌을 큰 조개로 만든 그릇에 담아 처리합니다.

어느 날, 자신이 사랑하는 말의 등에 모기 한 마리가 앉아서 피를 빨고 있는 모습을 봅니다. 그는 사랑하는 자기 말의 등에서 피를 빠는 모기가 너무 미워서 살며시 다가가 힘껏 모기를 내리쳤습니다. 그러자 말은 주인이 자신을 미워해서 때리는 줄 알고 주인을 물어뜯고 발로 걷어찼습니다. 자신을 향한 주인의 사랑을 제대로 이해하지 못해 사달을 낸 것입니다.

《장자》에 나오는 이 이야기는 사랑의 방식에 대해서 다시 한번 생각하게 합니다. 상대방을 무조건 사랑하는 건 진정한 사랑이 아닙니다. 오직 자기만의 방식으로만 표현하는 사랑도 온전한 사랑이 아닐 수 있습니다.

결혼도 자기만 좋아서 할 수 있는 게 아닙니다. 재물이 아닌 덕성과 인품을 보고 결정해야 하는 것이 결혼입니다.

괴테는 말합니다.

"결혼생활은 모든 문화의 시작이자 정상(頂上)이다. 그것은 난폭한 자를 온화하게 하고, 교양이 높은 사람에게는 그 온정을 증명하는 최상의 기회이다."

결혼은 절대 쉽게 할 일이 아닙니다.

文仲子曰 婚娶而論財 夷虜之道也
문 중 자 왈   혼 취 이 론 재   이 로 지 도 야

05

후회 없이 사랑하며 살기

01

나의 삶과 일에 최선을 다하여 살고 있는가?

어떤 사람은 마음을 쓰고 어떤 사람은 힘을 쓴다.
마음을 쓰는 자는 다른 사람을 다스리고
힘을 쓰는 자는 다른 사람의 다스림을 받는다.

_《맹자》

●●●

직업이 매우 다양한 오늘날, 사람들은 저마다 자신이 맡은 역할을 성실히 다해 모두가 행복한 세상이 되기를 기대하며 일하고 있습니다.

'직업에 귀천이 없다'는 말처럼 모든 일이 존중받아야 마땅하지만, 현실적으로는 다스리는 사람과 다스림을 받는 사람이 존재하는 것도 부정할 수 없는 사실입니다.

공평한 사회를 지향하고, 분업을 통해 자유로운 경제활동을 하며, 각자가 맡은 소임을 충실히 수행하면서 사회 발전에 기여하고 있는 이 시대의 흐름을 이해하고 받아들여야 합니다.

《맹자》가 말하는 마음을 쓰는 자는 다른 사람을 다스린다는 의미에서 그치지 말고 무슨 일이든 자기 일에 마음을 쓴다면 남다른 결과를 가져올 수 있다는 의미로 이해해봅니다.

하늘은 스스로 노력하는 사람을 절대 놔두지 않습니다.

《주역》에 '자강불식(自强不息)'라는 말이 나옵니다.

'보라! 저 쉼 없이 돌아가는 자연의 운행을! 우리 인간은 자연의 순환을 본받아 한시도 쉬지 않고 배워야 한다!'

하늘은 스스로 강해지기 위해서 쉬지 않고 운행합니다. 추운 겨울이 지나면 봄이 오고, 뜨거운 여름이 극에 달하면 어느덧 가을이 그 열기를 식혀줍니다.

호흡을 쉬지 않고 계속하며 생명을 이어가듯 매일 쉬지 않고 노력하며 발전해가는 삶을 살아갑니다.

'이 정도면 되겠지!'

이렇게 안주하지 말고 끊임없이 나를 변화시키고 강하게 단련하는 사람만이 결승점에 도달합니다.

승리는 결국 쉬지 않고 꾸준히 나아가는 사람의 것입니다. 각자의 자리와 일터에서 멈추지 않고 자신의 책임을 다하며 묵묵히 최선을 다하는 사람들이 있기에 이 세상은 끊임없이 움직이고 돌아갑니다.

화려하지 않더라도 자신에게 주어진 일과 삶에 성실히 임하는 태도가 무엇보다 중요합니다. 그러한 마음가짐이 결국 삶의 의미를 깊게 하고, 진정한 성취를 현실화합니다.

행복은 큰 것에 있지 않습니다. 마음을 쏠 일이 있는 것으로도 행복의 필요조건이 채워졌습니다.

어떤 일에 마음을 쓰고 최선을 다하고 배움을 놓지 않는다면 하늘의 운행이 쉬지 않듯 반드시 경쟁력이 있는 사람으로 거듭날 것입니다.

근사하게 원문 읽기

或勞心 或勞力 勞心者治人 勞力者治於人
혹 노 심 혹 노 력 노 심 자 치 인 노 력 자 치 어 인

02

사람은 꽃보다 아름답다

인(仁)은 사람이 된 이치이니, 합하여 말하면 도(道)이다.

_《맹자》

• • •

'인(仁)'은 사람이 사람다운 모습을 할 때 어질다고 합니다. 사람이 어진 행동을 하면 도(道)를 실천했다고 말합니다. 《중용》에서는 '성(性)'을 따르는 것을 도라고 합니다. 성선설을 믿은 맹자는 인간의 마음에는 인, 의(義), 예(禮), 지(智)가 있다고 했습니다. 특히 인은 자애로움, 친근함, 사랑으로 해석하면 됩니다. 사랑은 외로움, 절망의 치료제가 되기도 합니다. 사랑을 실천하려면 남을 이해하는 마음이 있어야 합니다. 공감할 마음부터 지녀야 합니다. 사람의 마음을 사로잡으려면 그 사람과 같은 마음으로 느껴야 합니다.

황석공이 장량에게 써준 《삼략(三略)》에는 '사람들과 좋아하는 바가 같으면 이루지 못할 것이 없고, 사람들과 미워하는 바가 같으면 한마음으로 따를 것이다'라는 글이 있습니다.

함께 느끼고, 함께 기뻐하고, 슬퍼하는 리더가 있다면 그를 따르지 않는 사람은 없을 것입니다. 사람을 먼저 생각하고 사람의 마음을 읽을 줄 아는 리더가 어진 인물입니다.

유비는 오나라에 패배한 후 제갈공명에게 후사를 부탁하고 백제성에서 세상을 떠납니다. 그는 세상을 떠날 때 아들 유선에게 유서 한 통을 남기고 갑니다.

'작은 악(惡)이라고 해서 결코 행하면 안 된다. 작은 선이라고 해서 결코 태만하게 해서도 안 된다. 어짊과 덕이 사람을 움직이게 한다. 네 아비는 덕이 모자랐다. 이 아비를 닮지 말거라.'

덕 있는 지도자였음에도 스스로 덕이 모자랐다니, 유비의 말은 우리에게 교훈을 선사합니다.

사람을 움직이는 것은 어짊과 덕입니다. 우리는 모두 한 사람 한 사람 사랑받기에 충분한 소중한 존재입니다. '사람이 꽃보다 아름다운 존재'임을 아는 사람으로 살아야 어진 사람이고 덕이 있는 사람입니다.

근사하게 원문 읽기

仁也者人也 合而言之道也
인 자 야 인 야 합 이 언 지 도 야

03

좋은 이웃을 선택하라

살 때는 반드시 이웃을 가리고
나아갈 때는 반드시 덕 있는 사람과 하라.
_《사자소학》

•••

서울 중심가의 집들이 비싼 이유는 여러 가지가 있겠지만, 고가의 집은 주로 편리한 교통, 좋은 학군, 멋진 풍경, 문화적 생활이 원활한 곳에 위치하기 때문입니다.

그러나 옛 선현들은 좋은 집의 조건은 이런 외부적인 것이 아니고, 좋은 이웃과 함께 사는 것을 최고의 주택지로 여겼습니다.

지금도 값비싼 집의 이웃들도 좋은 이웃이 많다고 하겠지만 돈을 인생 1순위로 정하는 성향이 강한 사람들이 모여서 살 가능성이 크니, 최상으로 좋은 이웃들은 아닌 것으로 이해해봅니다.

중국 남북조 시대, 고위 관리였던 송계아는 퇴직 후를 대비하여 거처할 집을 찾기 위해 여러 곳을 돌아다녔습니다. 사람들이

추천해주는 값비싼 집들을 직접 둘러보았지만, 그는 하나같이 마음에 들지 않았습니다.

그러던 중 마침내 여승진이라는 사람의 이웃집을 보고 큰 망설임 없이 그 집을 구입하고 이사했습니다. 원래 그 집의 가격은 백만금이면 충분했지만, 송계아는 천만금을 더 얹어주었습니다.

이상하게 여긴 여승진이 그 이유를 묻자, 송계아는 이렇게 대답했습니다.

"백만금으로 집을 사고, 천만금으로 이웃을 샀네(百萬買宅백만매택千萬買隣천만매린)."

송계아는 단순히 집을 고른 것이 아니라, 여승진이라는 훌륭한 사람과 이웃이 되고 싶어 천만금을 더 지불한 것이었습니다.

그에게 주거지를 정할 때 가장 중요한 기준은 집 자체가 아니라 어떤 사람과 이웃하게 되느냐 하는 것이었습니다. 천만금을 주더라도 인품 있는 이웃과 함께 사는 삶이라면 그 가치는 충분하다고 생각했던 것입니다.

아무리 좋은 집이라도 이웃이 좋지 못하면 그곳에서 살 수 없습니다. 요즘 아파트의 층간소음 때문에 이웃 간 분쟁이 빈번히 벌어지는 것을 보면 알 수 있습니다.

최인철 작가는 《프레임》에서 최고로 행복한 사람들은 인간관계가 매우 좋은 사람들이라고 했습니다. 그들은 혼자 있는 시간이 적으며, 사람들을 만나고 관계를 유지하는 데 많은 시간을 할애한다고 합니다. 행복은 돈보다 사람에게서 나온다는 것을 알 수 있는 이야기입니다.

고가주택으로 이사 가는 것이 인생 목표인 사람이 많습니다. 과연 그들이 그렇게 원하던 고가주택으로 이사 가면 행복할까요?

한 부부가 악착같이 돈을 끌어모으고 마침내 한강 둔치가 훤히 보이는 그런 집 마련에 성공합니다. 꿈을 이룬 듯싶었던 부부, 하지만 실상 집 대출금 상환과 더불어 또 다른 부귀적 욕망에 매달리느라 날마다 바삐 쫓기기만 하는 일상의 쳇바퀴를 부질없이 굴립니다.

어느 날, 중요한 서류를 깜박한 집주인이 점심을 거른 채 그것을 챙기려고 허겁지겁 집에 들릅니다. 현관문을 열고 거실에 들어서는 순간, 주객전도의 황망한 느낌표가 그의 뇌리를 쓰칩니다. 테라스 소파에는 가사도우미 아주머니가 앉아 있는데, 청소를 마친 그녀는 창밖의 멋진 한강 둔치를 만끽하며 한가로이 커피를 마시고 있습니다.

그토록 누리고자 했던 자유와 여유를 가사도우미 아주머니가 온전히 누리고 있었고, 부부는 그놈의 돈을 벌기 위해 밤낮없이 죽어라 일만 하고 있었던 것입니다.

새벽같이 출근해서 늦은 밤이 되어서야 퇴근하는 일상 속에서,

이사를 온 후 정작 제대로 한강의 경치를 바라본 적 없었던 그의 허탈한 심경이 짐작 가고도 남습니다.

주거지를 정할 때는 다른 무엇보다 좋은 이웃이 있는 곳을 우선시해야 합니다. 그런 집에서 이웃들과 좋은 관계를 맺으며 살아간다면 행복한 삶은 저절로 따라옵니다.

믿으세요. 좋은 이웃 곁에서 함께하면 인생이 정말 행복해집니다.

근사하게 원문 읽기

居必擇隣 就必有德
거 필 택 린 취 필 유 덕

04

행복은 소박한 것에서 출발한다

군자에게는 세 가지 즐거움이 있으니,
천하의 왕 노릇은 여기에 있지 않다.
부모님이 모두 살아 계시고
형제들의 무고함이 첫 번째 즐거움이요,
우러러 하늘에 부끄럽지 않고,
굽어보아 사람들에게 부끄럽지 않음이 두 번째 즐거움이며,
천하의 영재를 얻어 교육하는 것이 세 번째 즐거움이다.
_《맹자》

• • •

맹자는 군자에게 즐거움이 세 가지가 있다고 말합니다. 그런데 군자의 인생 행복에는 천하에 왕 노릇하는 즐거움은 포함되지 않습니다.

맹자가 말하는 인생 행복은 첫째, 부모가 모두 살아 계시고 형제들이 아무런 일 없이 건강한 것입니다.

둘째, 하늘을 우러러 한 점 부끄럽지 않고, 땅을 내려다보아 남에게 창피하지 않게 사는 것입니다.

셋째, 천하의 똑똑한 영재들을 모아 가르치는 것입니다. 제일

놀라운 것은 모든 사람이 천하의 왕 노릇을 하고 싶어 하는데 천하의 왕 노릇은 인생 행복에 포함이 안 된다는 것입니다.

평범하고 소박한 맹자의 즐거운 인생 행복에 미소가 지어집니다. 가정이 평안하고, 본인의 삶에 당당하며, 유능한 사람을 길러낼 능력만 갖추고 있다면 즐거운 인생이 된다는 논리입니다. 행복은 큰 것에 있는 것이 아니라, 소소하고 작은 것에서 더 크게 느낄 수 있습니다.

부와 권력을 가지려고 모두 아우성입니다. 부와 권력이 커지면 행복도 그만큼 커질 것으로 기대합니다. 그러나 실상 높은 곳에 오르면 행복이 더 클 것인지는 장담할 수 없습니다. 행복은 멀리 그리고 높이 있는 것이 아니라 내 주변에 가까이에 있을 때가 많습니다. 좋아하는 사람들과 맛있는 음식을 먹고, 함께 여행하고, 의미 있는 일을 같이할 때 행복을 더 깊이 느낍니다.

《장자》는 말합니다.

'작은 새가 둥지를 짓는 데는 나뭇가지 하나면 충분하고, 두더지가 하천에서 마시는 물은 배를 채울 정도만 필요하다.'

작은 새와 두더지는 자연에 순응하며 살아갑니다. 가진 것에 연연하지 않고 필요 이상으로 쌓아놓으려고 하지 않습니다. 하늘이 공급해주는 것을 그대로 받아들이고 순응하며 삽니다. 하지만 인간들은 더 많이 가지고 더 쌓아놓으려고 합니다. 많이 가지고 부자가 될수록 행복하다고 믿습니다. 돈과 지위와 권력이 높으면 행복한 인생이 되리라 굳게 믿습니다. 정말 그럴까요? 하늘을 자유롭게 나는 새들을 보면 행복해 보입니다. 욕심 없이 자연이 준 것 그대로 누리며 자유롭게 나는 모습을 보면서 인간의 행복에 대해 다시 한번 생각합니다.

맹자가 말하는 즐거움처럼 행복이라는 것은 거창하고 위대한 것에서 오는 것보다는 소박한 것에서 옵니다. 사랑하는 사람이 내 곁에 있는 것만으로도 우리는 충분히 행복할 수 있다는 것만 기억하면 됩니다.

근사하게 원문 읽기

君子有三樂 而王天下不與存焉 父母俱存 兄弟無故 一樂也
군 자 유 삼 락　이 왕 천 하 불 여 존 언　부 모 구 존　형 제 무 고　일 락 야

仰不愧於天 俯不怍於人 二樂也 得天下英才 而教育之 三樂也
앙 불 괴 어 천　부 부 작 어 인　이 락 야　득 천 하 영 재　이 교 육 지　삼 락 야

05

진정한 친구와 행복하게 살기

자사, 자여, 자리, 자래 네 사람이 서로 더불어 말하길,
"어느 누가 능히 무(無)로 머리를 삼고, 생(生)으로 등을 삼고,
사(死)로 꼬리를 삼겠는가?
어느 누가 사생존망(死生存亡)이 한 몸이라는 것을 알겠는가?
우리는 그러한 것과 더불어 벗이 되었느니라" 하며
네 사람은 서로 바라보며 웃었고, 마음에 거슬림이 없으니
마침내 서로 간에 더불어 벗을 삼았다.

_《장자》

• • •

진정한 친구는 신분과 지위로 사귀는 것이 아닌 서로 마음에
거슬림이 없고 서로를 인정하고 존중해주는 마음으로 사귀는 사
이입니다. 힘들고 슬플 때 말없이 곁을 묵묵히 지켜주는 친구, 많
은 것을 주고도 받았다는 생각이 들지 않게 만드는 친구가 막역
지우입니다. 내가 먼저 그런 친구가 되어주어야 합니다.

송나라 시대의 인물 구양수는 《붕당론(朋黨論)》에서 말합니다.

'군자는 같은 도(道)를 가진 사람을 벗으로 삼고, 소인은 이익을
같이 하는 자를 벗으로 고른다.'

사람들은 같은 성향을 지닌 사람들끼리 모이게 되어 있습니다. 바른 도를 가진 사람을 가까이하고, 이익만을 추구하는 사람은 멀리하는 게 좋습니다. 이익을 좇는 사람은 자기의 이익을 위해서는 친구도 버릴 수 있기 때문입니다.

같은 방향을 바라보는 사람을 벗으로 삼고 살아야 행복합니다. 내 마음에 거슬리지 않을 정도로 친한 친구를 곁에 두고 사십시오.

근사하게 원문 읽기

子祀 子輿 子犁 子來 四人相與語曰 孰能以無爲首 以生爲背 以死爲尻
자사 자여 자리 자래 사인상여어왈 숙능이무위수 이생위배 이사위고

孰知死生存亡之一體者 吾與之友矣 四人相視而笑 莫逆於心 遂相與爲友
숙지사생존망지일체자 오여지우의 사인상시이소 막역어심 수상여위우

06

덕을 쌓으면 도와주는 사람이 많다

도를 얻은 사람은 도와주는 사람이 많고
도를 잃은 사람은 도와주는 사람이 적다.
도와주는 사람이 적은 경우에는 친척도 배반하고,
도와주는 사람이 많은 경우에는 천하가 다 순종한다.
그러므로 군자는 싸우지 않지만 싸우면 반드시 이긴다.

_《맹자》

• • •

맹자는 인의(仁義)의 도를 얻은 사람에게는 많은 이가 그를 도와
주는데, 인의를 얻지 못한 사람은 도와주는 이가 적다고 말합니다.

평소 남에게 베풀고 인간답게 살았다면 그가 잘되기를 바라고
응원해주는 사람이 많을 것입니다. 사람의 마음을 얻은 이는 아
무리 어렵고 힘든 상황이 되어도 무너지지 않습니다.

세상에서 가장 강한 자는 힘이 센 사람도, 지위가 높은 사람도
아닙니다. 세상에서 제일가는 부를 소유한 사람도, 학력이 높은
사람도 아닙니다. 바로 도와주는 이가 많은 사람입니다. 그 사람
도 잘되기를 바라는 이가 많고, 쓰러지지 말라고 응원해주는 이
가 많은 사람은 절대 실패하거나 쓰러지지 않습니다.

도(道)는 평소에 남에게 베풀고 인간답게 살아야 얻어집니다. '사람의 마음을 얻는 것'을 맹자는 '도'라고 봅니다. 지도자는 민심을 얻어야 하고, 기업가는 고객의 마음을 얻어야 성공합니다. 어려울 때 사람들이 다가와 도와줘야 하는데 심지어 가까운 친인척까지도 등 돌린다면 사람들의 마음을 잃은 것입니다. 그것은 평소에 가까운 사람들을 모질게 대했거나 다른 사람을 배려하지 않는 삶을 살았다는 방증입니다. 평소에 사람의 마음을 얻은 사람이라면 아무리 어렵고 힘든 상황이 되어도 결코 사람들이 떠나지 않습니다.

인맥이란 내가 얼마나 많은 사람을 알고 있느냐가 아니라 얼마나 많은 사람이 나를 알고 있느냐입니다. 또한 내가 얼마나 많은 사람들과 소통하고 있느냐보다 중요한 것은 얼마나 많은 사람이 나와 소통하기를 원하느냐가 더 중요합니다. 정성이 있으면 사람의 마음을 얻을 수 있습니다.

《중용》은 말합니다.

'오직 천하의 가장 정성스러운 사람만이 자신의 본성을 남김없이 드러낼 수 있다.'

또한《근사록》은 말합니다.

'사람을 움직일 수 없는 것은 정성이 없기 때문이고, 일에 싫증을 내는 것도 모두 정성이 없기 때문이다.'

정성이 지극하면 쇠와 돌도 열린다고 했습니다. 인심을 얻으려면 정성을 다해야 합니다. 진심이 담긴 정성이어야 합니다. 숫자에 불과한 인맥은 중요한 때에 곁에 있지 않을 가능성이 큽니다. 아무리 어렵고 힘든 상황이어도 내 곁에 남아 있을 사람을 만들어야 합니다.

덕이 있는 사람은 외롭지 않고 반드시 이웃이 있습니다(德不孤덕불고 必有隣필유린). 덕을 쌓으면 도와주는 사람이 많습니다. 평소에 남에게 베풀고 인간다운 모습으로 살아야 합니다. 사람의 마음을 얻은 사람은 절대로 무너지지 않습니다.

근사하게 원문 읽기

得道者 多助 失道者 寡助 寡助之至 親戚畔之
득 도 자 다 조 실 도 자 과 조 과 조 지 지 친 척 반 지

多助之至 天下順 故 君子有不戰 戰必勝矣
다 조 지 지 천 하 순 고 군 자 유 부 전 전 필 승 의

07

부부 금슬이 좋아야 진정한 행복의 맛을 안다

끼룩끼룩 노래하는 저 징경이는 황화 강가 모래톱에 놀고 있네요.
그윽하고 아리따운 요조숙녀는 일편단심 기다리는 이 몸의 배필,
들쭉날쭉 돋아 있는 마름풀을 이리저리 헤치면서 찾아가듯이
그윽하고 아리따운 요조숙녀를 자나 깨나 그리워서 찾아봅니다.
아무리 찾아봐도 찾을 수 없어 자나 깨나 애태우며 생각합니다.
잠 아니 오는 밤을 길고 긴 밤을 이리저리 뒤척이며 지새웁니다.
들쭉날쭉 돋아 있는 저 마름풀을 이리저리 헤치다가 뜯어오듯이
이제야 요조숙녀를 만나서 금과 슬을 뜯으면서 벗이 됩니다.
들쭉날쭉 돋아 있는 저 마름풀을 이리저리 다듬어서 담아두듯이
아리따운 요조숙녀를 얻어 즐거워서 종을 치고 북을 칩니다.

_《시경》

• • •

위의 글은《시경》의 첫 번째 시 〈관저(關雎)〉입니다. 이 시는 조용하고 얌전한 처녀를 아내로 맞아 거문고를 타며 서로 사이좋게 지낸다는 내용입니다. 이 시에서 부부간의 정을 '금슬(琴瑟)'로 표현합니다. '금(琴)'은 보통 거문고를 말하고, '슬(瑟)'은 큰 거문로 비파를 말합니다. 보통의 거문고와 큰 거문고(비파)가 가락을 맞추며 연주하듯 남편과 아내가 뜻이 잘 맞고 화목하게 잘 지내는

것을 '금슬'이 좋다고 말합니다.

악기 연주가 잘되려면 상대의 악기에 대해 배려가 있어야 합니다. 마찬가지로 부부 사이에도 상대방에 대한 배려와 존중이 있어야 그 만남이 오래가며 아름다운 관계로 오래 지낼 수 있습니다. 비파와 거문고가 조화를 이루지 못하고 불협화음을 내면 듣기 싫은 시끄러운 소리가 납니다. 부부 사이도 자신의 소리만 내면 부부의 화합은 순식간에 깨지게 됩니다. 악기 연주를 하다 보면 악기 줄을 밀고 당기고 음 하나가 올라가면 하나는 내려야 아름다운 악기 소리가 나듯이 부부의 화합도 연주와 별반 다르지 않습니다.

공자는 이 시를 이렇게 평가했습니다.

'기쁨이 가득하지만 음란하지 않고 애절함이 있지만 상처를 내지 않는다(樂而不淫낙이불음 哀而不傷애이불상).'

오늘날의 사랑 방법과는 거리가 있지만, 은근한 사랑의 모습처럼 보여 진정한 사랑으로 느껴집니다.

《한비자》는 말합니다.

'오른손으로 동그라미를 그리고 왼손으로 네모를 그리면 둘 다 제대로 그릴 수 없다.'

실제로 해보면 오른손으로 원을 그리면서 왼손으로 네모를 그릴 수 없습니다. 부부가 이렇습니다. 가정을 이끌어가는 데 한 사람은 동그라미를 그리고 다른 한 사람은 네모를 그리면 가정이 하나가 될 수 없습니다. 수레바퀴 두 개가 같이 굴러가듯이 서로 맞춰가며 가정을 이끌어가야 합니다. 한 방향을 바라보고 각자의 역할에 충실하며 보완하면서 가꿔가는 것이 가정입니다.

비파의 연주가 아름답듯이, 북과 북채가 하나가 되듯이, 수레바퀴 두 개가 잘 굴러가듯이 부부의 화합이 중요합니다. 행복의 시작은 가정에서 시작되고 가정의 행복은 부부로부터 시작됩니다. 아름다운 악기가 아름다운 소리를 낼 때는 자기 악기 소리만을 낼 때가 아니라 상대 악기에 맞춰줄 때입니다.

關關雎鳩 在河之洲 窈窕淑女 君子好逑 參差荇菜 左右流之
관 관 저 구　재 하 지 주　요 조 숙 녀　군 자 호 구　참 치 행 채　좌 우 류 지

窈窕淑女 寤寐求之 求之不得 寤寐思服 悠哉悠哉 輾轉反側
요 조 숙 녀　오 매 구 지　구 지 부 득　오 매 사 복　유 재 유 재　전 전 반 측

參差荇菜 左右采之 窈窕淑女 琴瑟友之 參差荇菜 左右芼之
참 치 행 채　좌 우 채 지　요 조 숙 녀　금 슬 우 지　참 치 행 채　좌 우 모 지

窈窕淑女 鍾鼓樂之
요 조 숙 녀　종 고 락 지

형제자매가 아프면 나도 아프다

매번 좋은 친구 있어도, 정말이지 도와주는 이 없다.
형제가 집안에서 서로 다투어도, 밖에서는 그 모멸을 막아준다.
맛있는 음식으로 손님을 불러, 술을 진탕 마시며 즐긴다 해도
형제가 모두 한자리에 모여야, 아이들처럼 화락하고 즐겁다네.

_《시경》

• • •

《시경》의 〈소아(小雅) 상체(常棣)〉 한 부분입니다. '상체'는 아가
위나무를 말하며, 형제의 잔치를 읊을 시입니다.

공자는 관숙과 채숙이 바른길을 잃었음을 민망히 여기며 시를
짓습니다. 관숙과 채숙은 주나라 문왕의 아들입니다. 문왕에게는
아들이 열 명이 있었는데, 그중 둘째 아들과 넷째 아들만 어질고
뛰어났습니다. 둘째 아들은 문왕의 뒤를 이은 무왕이고, 넷째 아들
은 무왕을 도운 주공입니다. 관숙은 셋째, 채숙은 다섯째 아들인
데, 무왕을 돕고 있는 주공을 모함하는 반란을 일으켜 관숙은 주
공에 의해 죽었고 채숙은 추방당합니다. 그 당시 주나라는 열 명
이나 되는 형제가 왕권과 정권 때문에 다툼이 끊이지 않았습니다.

형제는 사이가 좋아야 하며 형제가 상처를 입으면 나도 상처 입은 것처럼 아픈 것입니다. 주변 사람들이나 친구들과 의견이 맞지 않아서 관계를 끊고 살아갈 수는 있지만, 피와 살을 나눈 형제자매는 쉽게 인연을 끊을 수 없습니다. 효도 중에 제일 큰 효도는 형제자매가 사이좋게 지내는 모습을 부모님께 보이는 것이라고 했습니다. 형제자매들이 어려움을 당하면 서로 합심해서 그 어려움을 함께 이겨나가야 합니다. 비록 집안에서는 서로 사이가 나쁘고 다퉈도 집 밖에서 다른 사람들이 자기 형제를 욕하면 함께 나서서 손을 봐주기도 합니다.

《시경》은 노래합니다.

'형제들이 집 담장 안에서는 서로 싸우고 헐뜯어도, 집 밖에서 형제가 모욕을 당하면 함께 협력해서 막는다.'

내가 형제를 욕하는 것은 괜찮지만, 남이 내 형제를 욕하는 것을 두고 볼 수 없는 것이 사실입니다. 손님을 불러 맛있는 음식을 먹고 술을 진탕 마시며 즐긴다 해도 형제가 모두 한자리에 모인 것만큼 화락하지 않습니다.

집안이 화목해야 모든 일이 잘 풀린다고 했습니다. 가정의 화목을 지키기 위해 형제간에 화목하게 지내는 것은 결코 쉬운 일이 아닙니다. 같은 부모 밑에서 태어나 서로 본능적으로 경쟁을 하는 존재가 형제자매입니다. 어릴 적 부모에게 잘 보이기 위해서 경쟁하고, 각자 결혼해서 가정을 꾸리고 살아가면서도 모든 면에서 소리 없는 경쟁을 합니다. 남보다 가까우며 친밀한 형제자매일지라도 한 번 성심과 믿음이 깨지면 남들보다 못한 관계가 되기 쉽습니다.

서로 충고하는 것도 조심하고, 신임을 잃지 않도록 더 조심해야 합니다. 핏줄을 나눈 가까운 사이일수록 서로에 대한 배려가 있어야 합니다. 형제자매의 아픔이 내 아픔이 될 수 있는 마음을 지닌다면 그 가정의 형제 우애는 아름답습니다.

兄弟鬩于牆 外禦其務 每有良朋 烝也無戎
형 제 혁 우 장 외 어 기 무 매 유 량 붕 증 야 무 융

儐爾籩豆 飮酒之飫 兄弟既具 和樂且孺
빈 이 변 두 음 주 지 어 형 제 기 구 화 락 차 유

09

'쾌족의 삶'을 살라

'그 뜻을 성실하게 한다는 것'은 자기 스스로를 속이지 않는 것이다.
마치 독한 냄새를 싫어하듯 하며, 좋은 빛을 좋아하듯이 하는 것이다.
이것을 '자겸(스스로 만족한다)'이라 한다.
그러므로 군자는 반드시 남이 보지 않는 곳에서도 조심한다.

_《대학》

• • •

위의 글은 《대학》〈성의(誠意)〉의 내용입니다. '성의'는 자기를
스스로 속이지 않는 것입니다.

싫은 것은 싫다고 말하고 좋은 것은 좋다고 말하는 것, 이것이
자기에게 솔직한 것이고 스스로 속이지 않는 것입니다. 자기 자
신을 속이면 모든 걸 속이는 것입니다.

심리적으로 아픈 사람은 대체로 자신을 사랑하지 못하고 남을
위해서 자기를 희생한 경우가 많습니다. 남을 위해 사는 인생은
행복하지 않습니다.

소크라테스는 말했습니다.

"너 자신을 알라."

동양의 철학자 귀곡자 또한 말했습니다.

"남을 알려면 먼저 자신을 알아야 하고, 나 자신을 알아야 비로소 남을 알 수 있다."

마음이 밝지 못하면 나 자신을 정확히 알기 어렵습니다. 내 마음을 모르는데 다른 사람 마음을 어떻게 알 수 있을까요? 자존심, 자만심, 이기심, 교만한 마음으로는 행복하게 살 수 없습니다. 누구의 마음을 알기 전에 나 자신을 아는 것부터 해야 합니다.

독한 냄새가 싫듯이 싫은 것은 싫다고 하고, 좋은 것은 좋다고 말하면 됩니다. 스스로에게 만족하다 보면 행복감이 밀려옵니다. 그 행복감으로 다른 사람을 대하면 다시 다른 사람으로 인해 행복이 내게로 돌아옵니다.

내 뜻을 성실하게 하고 나 자신을 속이지 않는 상태를 만들면 마음이 상쾌해지고 만족스러운 상태가 됩니다.

《대학》〈성의〉첫 구절의 '자겸(自慊)', 즉 '慊(겸)'은 '쾌족(快足)'으로 깊이 있게 해석할 수 있습니다. '쾌족'이란 마음이 상쾌하고 만족스러운 상태를 말합니다. 행복이란 이런 것이 아닐까요? 내 마음이 상쾌한 상태, 그런데 만족스럽기까지 한 그런 상태 말입니다.

행복이 미래에 있다면 인간은 행복해질 수 없습니다. 미래는 아직 오지 않았고 우리는 현재에 살고 있습니다. 언제나 행복이 머무는 곳은 현재입니다.

지금 여기에 있는 행복이 진짜 행복입니다. 지금 하는 일에 감사하며 지금 누릴 수 있는 행복을 최대한 누리며 살 때 쾌족을 맛볼 수 있습니다.

할 수 있는 한 인생을 긍정적으로 보고 낙관적 삶의 자세로 살아야 합니다. 행복은 내가 만들어가는 것입니다. 행복을 남에게서 찾지 마세요. 늘 마음이 상쾌하고 만족스러운 '쾌족의 삶'을 사세요.

근사하게 원문 읽기

所謂 誠其意者 毋自欺也 如惡惡臭 如好好色 此之謂自謙
소 위 성 기 의 자 무 자 기 야 여 오 악 취 여 호 호 색 차 지 위 자 겸

故 君子 必愼其獨也
고 군 자 필 신 기 독 야

10

덕을 베풀면 돈이 저절로 들어온다

군자는 제일 먼저 덕에 대해 삼가하고,
덕이 있으면 사람이 있게 되고, 사람이 있으면 땅이 있게 되고,
땅이 있으면 물이 있게 되고, 재물이 있으면 쓰임새가 있게 된다.
_《대학》

•••

누구나 더 많은 돈을 벌어 경제적으로 풍요로워지고, 나아가 사회적으로도 성공적인 삶을 살길 바랍니다. 하지만 현실적으로 부자가 되고 성공적인 삶을 영위하기란 결코 쉬운 일이 아닙니다.

물론 방법은 있습니다. 누구나 될 수 없지만 누구든 될 수 있는 그 방법은 사실 상식적입니다. 이미 자기 분야에서 성공을 거두고 상당한 부를 축적한 사람들이 공통적으로 말하는 부자 되는 비법은 다음과 같습니다.

첫째, 돈을 벌기에 앞서 정직과 성실한 자세로 산다.

둘째, 최선을 다해 일한다.

셋째, 다른 사람들과의 관계에서 신뢰 쌓는 것을 소중히 한다.

무엇보다 그들은 이익을 좇기에 앞서 사람을 얻는 데 힘을 쏟았습니다. 흔히 말하는 돈을 좇지 않고 사람의 마음을 얻으려고 한 것입니다.

《대학》에서도 돈을 벌기 위해서는 우선순위가 있다고 말합니다. 돈을 벌기 위해서는 제일 먼저 덕을 쌓아야 합니다. 덕을 쌓은 사람에게는 사람이 모이고, 그 사람의 영역이 생기게 됩니다. 영역이 생기면 돈이 들어오고, 돈이 있으면 쓰임새가 있게 됩니다.

돈을 버는 데 수단과 방법을 가리지 않는 사람이 많습니다. 예로부터 선현들은 돈이란 단순히 좇는다고 얻어지는 것이 아니라, 마땅히 덕을 쌓고 베푼 사람에게 자연스레 흘러들어오는 것이라고 말했습니다. 진정으로 부자 되기를 바란다면, 눈앞의 이익을 좇기에 앞서 주변에 선한 영향력을 행사하는 데 힘써야 합니다. 그렇게 덕을 먼저 베푼다면, 굳이 부를 좇지 않아도 돈은 저절로 들어옵니다.

사실, 이익 앞에서 의로운 사람이 되기란 쉽지 않습니다. 그래서 공자가 강조한 말이 '견득사의(見得思義)'입니다.

'이익을 보면 그것이 의로운지를 생각하라.'

정의롭지 않은 이익 앞에서 또는 물질 앞에서 절제하기란 결코 쉬운 일이 아닙니다. 고위공직자들이 뇌물을 받고 무너지는 것을 적지 않게 봅니다.

우리는 재물 앞에서 무너지지 않도록 매 순간 스스로 수양하며 덕을 쌓는 것에 집중해야 합니다.

《예기》는 말합니다.

'재물 앞에서 구차하게 구하지 말고, 고난 앞에서 구차하게 피하지 말라.'

돈과 삶의 품격을 바꾸면 안 됩니다. 잘못된 이득은 거부할 줄 아는 용기도 가지고 있어야 합니다. 무엇보다 우리가 기억해야 할 중요한 삶의 진리는 제일 먼저 덕을 쌓는 것입니다.

믿으세요. 덕을 베풀면 돈은 저절로 들어옵니다.

근사하게 원문읽기

君子先愼乎德 有德此有人 有人此有土 有土此有財 有財此有用
군 자 선 신 호 덕 유 덕 차 유 인 유 인 차 유 토 유 토 차 유 재 유 재 차 유 용

11

하늘은 스스로 돕는 자를 돕는다

큰 원한은 풀어도 앙금은 남으니 큰 원한을 푼다고 어찌 선이 되겠는가?
성인은 빚 문서를 지니고 있을 뿐 빚 독촉을 하지 않는다.
덕이 있으면 빚은 저절로 갚아지고,
덕이 없으면 빚을 억지로 받아낸다.
하늘의 도에는 사사로움이 없고, 언제나 선한 사람 편에 선다.

《도덕경》

• • •

노자는 《도덕경》에서 행복과 불행은 오로지 그 사람이 어떻게 사느냐에 달려 있다고 말합니다. 복이라는 것이 사람을 가려가면서 가는 것이 아니라 선하게 사는 사람에게 좋은 일이 일어날 뿐이며 특별한 사람에게만 복이 가는 것이 아니라고 말합니다. 복을 빈다고 받는 것이 아니라 내가 어떻게 사느냐에 따라 좋은 일과 나쁜 일이 생긴다는 논리입니다. 하늘은 특별히 친한 사람이 없으며 항상 착하게 사는 사람과 함께한다는 것입니다.

본인 자신은 노력하지도 않고 신에게 매달려 복을 내려달라고 하면 절대 신은 복을 주지 않습니다. 하늘은 스스로 돕는 자를 돕습니다.

마음이 바로 선 사람은 몸가짐이 바르게 됩니다. 바른 몸가짐을 가진 사람은 선한 일을 하는 것에 집중하면서 살아갑니다. 그러면 하늘은 그 사람 편에 서서 복을 내려줍니다. 그렇기에 우리는 바른 마음가짐을 가지는 것을 우선시해야 합니다.

마음에 분노, 공포, 근심, 증오, 편애를 두고 살면 그 사람은 차마 볼 수 없는 나쁜 짓을 서슴없이 저지르고 살 것입니다. 반대로 마음에 기쁨, 사랑, 감사, 긍정, 배려를 두고 사는 사람은 주위에 사람이 많을 것이고 그런 사람들과 함께 더 나은 가치를 추구하며 행복하게 살게 될 것입니다.

《대학》〈정심(正心)〉은 인간이 분노, 공포, 편애, 근심에 빠졌을 때 인간으로 해서는 안 되는 일을 저지르게 된다고 말합니다.

'마음에 극한 분노와 원망이 있으면 바름을 얻지 못할 것이다. 마음에 극한 공포와 두려움이 있으면 바름을 얻지 못할 것이다. 마음에 극한 좋아함과 즐거움이 있으면 바름을 얻지 못할 것이다. 마음에 극한 걱정과 근심이 있으면 바름을 얻지 못할 것이다.'

모든 것은 마음먹기에 달려 있습니다. 하늘의 도는 사사로움이 없으며 언제나 선한 사람 편에 있습니다. 인생을 살다 보면 화(禍)가 복(福)이 되고 복이 화가 될 때가 참으로 많습니다.

인생을 길게 보고 눈앞의 어려움에 너무 좌절하지도 말고, 갑자기 다가온 행운에 교만해져서도 안 됩니다. 나에게만 나쁜 일이 생기고 다른 사람에게는 좋은 일만 생기는 그런 법은 없습니다. 살다 보면 예상치 못한 일들이 수없이 생기고 그 일 중에서 생각지 못한 행운과 불행이 섞여 있는 것입니다.

하늘은 선한 사람 편임을 믿으세요. 하늘은 스스로 돕는 사람을 반드시 돕습니다. 눈앞의 결과에 일희일비하지 마세요.

근사하게 원문 읽기

和大怨 必有餘怨 安可以爲善 是以聖人執左契 而不責於人
화 대 원 필 유 여 원 안 가 이 위 선 시 이 성 인 집 좌 계 이 불 책 어 인

有德司契 無德司徹 天道無親 常與善人
유 덕 사 계 무 덕 사 철 천 도 무 친 상 여 선 인

276

12

날마다 새롭게 하라

탕왕의 세숫대야에 새겨진 말에 이르기를
'진실로 하루를 새롭게 하고 날마다 새롭게 하고 또 나날이 새롭게 하라'라고 했다.
_《대학》

. . .

중국 고대 시대의 은나라 탕왕은 성군(聖君)으로 평가받는 임금입니다. 탕왕은 이 글귀를 매일 사용하는 자신의 세숫대야에 새겨놓고 날마다 마음속으로 이 문장을 되뇌었다고 합니다. 세수는 매일 하는 것이니 매일 세수를 하면서 마음을 다잡고 새로운 다짐을 한 탕왕의 모습이 상상이 됩니다.

새해가 되거나 새로운 무언가를 시작할 때 결심을 단단히 합니다. 하지만 호기롭게 시작한 일들이 얼마 되지 않아 흐지부지해지기 십상입니다. 진정으로 성공을 원하고 변화를 원한다면 온 힘을 다해 전력 질주로 몰입해야 합니다. 최소 21일은 무슨 일이 있어도 결심한 것을 잊지 않고 실행으로 옮겨야 합니다. 이루고 싶은 일을 습관으로 만들어야 성공할 수 있다고 전문가들은 말합니다.

아마도 탕왕은 습관이 잡히면 반드시 이루고자 하는 것이 이루어진다는 것을 알았던 임금 같습니다. 매일 세수를 하는 데 매일 사용하는 세숫대야에 자신의 마음을 굳세게 하고, 성찰할 글귀를 새겨놓는 것 자체가 성군다운 모습입니다.

탕왕이 새겨놓은 말처럼 날마다 자신을 새롭게 하고, 중단하지 않고 끝까지 계속해야 성공합니다. 성공한 사람들은 잘나서 성공한 것이 아니라 중간에 포기하지 않았기 때문에 성공한 것입니다. 끈기와 인내가 남달랐기 때문에 성공한 것입니다. 포기하지 않는 환경을 만들고 포기하지 않는 나로 변화해간다면 이루지 못할 일은 없습니다. 다만 시간의 차이가 있을 뿐 포기하지만 않는다면 꿈은 이뤄집니다.

《논어》에서 공자는 말합니다.

'아침에 도를 듣는다면 저녁에 죽어도 좋다.'

아침에 도를 들어서 이치를 터득하면 저녁에 죽어도 여한이 없다는 말로, 공자의 배움 열망을 엿볼 수 있는 문장입니다. 옛사람은 죽고 새사람이 되는 게 진정한 공부입니다. 탕왕이 말한 '하루가 새롭고, 날마다 새롭고, 나날이 새롭게 된다'는 말도 이와 같은 맥락입니다.

아무리 공부하고 책을 읽어도 변하지 않는 공부와 독서는 의미 없습니다. 어제의 나와 오늘의 내가 달라졌다면 이것이 진정한 공부입니다. 과거의 나는 잊고, 미래의 나를 만나러 갈 생각에 매 순간이 감사함으로 가득 차고, 매일 아침을 설렘으로 맞이할 수 있는 사람! 그가 바로 가장 행복한 사람입니다. 아침에 눈을 떠 세수할 때의 나는 '어제의 나'가 아니라 '새로워진 나'여야 합니다.

날마다 새로워져야 합니다. 내 태도가, 내 생활이, 내 삶에서 약간의 변화가 일어나면 인생은 반드시 바뀝니다. 매일 하나씩만 달라져도 삶의 혁신이 일어날 것입니다.

근사하게 원문 읽기

湯之盤銘曰 苟日新 日日新 又日新
탕 지 반 명 왈 구 일 신 일 일 신 우 일 신

13

겉과 속이 조화롭게 어우러진 사람이 되라

실질적인 내용이 겉모양보다 뛰어나면 너무 투박하고,
겉모양이 실질적인 내용보다 뛰어나면 너무 부화하다.
문채와 실질이 적절히 조화된 뒤라야 비로소 군자답다.

_《논어》

• • •

'질(質)'은 사람이나 사람이 갖추고 있어야 하는 본질을 말합니다. 다시 말해 가공하려는 재료나, 바탕, 가공하기 전의 소박함으로 이해하면 됩니다. '문(文)'은 사람이 노력해서 꾸민 겉모양을 말합니다. 어떤 바탕이나 재료에 인위적으로 무늬를 새겨 넣거나 장식하는 것을 말합니다.

간단히 정리하면 '문질(文質)'은 겉차림과 바탕으로 보면 됩니다. 사람은 겉만 번지르르해서도 안 되고, 내실만 믿고 외양을 꾸미지 않는 것도 보기 좋지 않습니다. 겉과 속이 조화롭게 어우러지는 사람이 되어야 합니다. 실력도 있고 그 실력을 표현할 줄도 아는 그런 사람이 되어야 합니다.

공자의 제자 자공에게 위나라 대부 극자성이 물었습니다.

"군자는 본래의 바탕만 갖추고 있으면 되지, 겉모습은 꾸며서 무엇하겠습니까?"

이에 자공이 답했습니다.

"선생이 그렇게 말하는 것을 보니 네 마리 말이 끄는 마차도 선생의 혀를 따르지는 못할 것입니다. 겉모습도 바탕만큼 중요하고 바탕도 겉모습만큼 중요합니다. 호랑이와 표범의 털 없는 가죽은 개와 양의 털 없는 가죽과 같습니다."

바탕과 외양적인 형식이 잘 어울려 있는 사람은 아름답게 보입니다. 꼭 비싼 옷을 입고 명품 가방을 들어서 아름답게 보이는 것이 아닙니다. 아무리 겉치레를 화려하게 해도 성품이 명품 같지 않다면 절대 아름다워 보이지 않습니다. 도리어 겉은 화려하지 않지만, 표정과 말 그리고 행동이 격식에 맞고 교양이 있다면 그 사람이 바로 명품 같은 사람입니다.

《논어》의 '군자는 말보다 실천이 앞서야 한다'는 뜻의 '눌언민행(訥言敏行)'을 명심해야 합니다. 군자란 말은 어눌하게 하고 행동은 민첩하게 하라는 말로 이해하면 됩니다.

언변이 뛰어나서 말만 앞세우고 행동으로 옮기지 않는 사람보다는 다만 말이 유창하지 못해도 덕목을 실행하는 사람을 더 높이 봅니다. 말과 행동 모두 다 잘하면 좋으나 차선책은 말보다는 행동을 더 중시합니다. 겉치레, 본질, 말, 행동 등 이 모든 것이 조화롭게 어울려져야 군자입니다.

군자가 되기란 쉽지 않지만, 군자가 돼보려는 사람과 아무것도 시도하지 않는 사람은 천지 차이가 납니다. 연애할 때나 사업할 때도 모두 겉모습과 바탕의 조화가 잘 이뤄져야 원하는 대로 됩니다. 겉과 속이 다른 사람이 아닌 겉과 속이 같으며, 겉과 속이 조화가 잘된 사람으로 거듭나야겠습니다.

근사하게 원문 읽기

質勝文則野 文勝質則史 文質彬彬 然後君子
질 승 문 즉 야　문 승 질 즉 사　문 질 빈 빈　연 후 군 자

14

타고난 재능과 장점은 모두 다르다

오리의 다리는 비록 짧지만 늘려주면 근심하고
학의 다리는 비록 길지만 자르면 슬퍼한다.
그 때문에 타고난 본성이 긴 것은 잘라야 할 것이 아니며,
타고난 본성이 짧은 것은 늘려줄 것이 아니니
근심거리로 여겨 없앨 것이 아니다.

_《장자》

• • •

타고난 본성이 있습니다. 오리는 다리가 짧게 났고, 학은 다리
가 길게 났습니다. 그런데 섣부른 판단으로 오리의 다리가 짧다
고 늘려주고, 학의 다리가 길다고 잘라서 짧게 만들어주면 이 짐
승들은 죽습니다.

같은 맥락입니다. 어떤 사람이 선의를 가지고 이렇게 했다 하
더라도 각자의 타고난 본성을 거스르면 큰 재앙이 됩니다.

사람마다 각자 타고난 재능과 능력 그리고 장점이 다릅니다.
각자 타고난 본성을 가지고 직업을 삼았고, 그 직업으로 먹고살
아가는 것입니다.

어떤 한 사람의 장점은 다른 사람에게는 단점일 수 있습니다.

그래서 우리는 모두 서로 다른 사람이며 각자의 타고난 재능과 장점이 모두 저마다 다름을 인정해야 합니다.

세상 사람들이 모두 쓸모없다고 생각한 것이 가장 쓸모 있게 되는 경우가 있습니다.

《장자》에는 '무용지유용(無用之有用)'의 철학이 있습니다.

'쓸모없는 것이 오히려 쓸모 있는 것이다.'

나뭇가지가 구불구불해서 집 짓는 재목으로 쓸 수가 없고, 밑동은 속이 텅 비어 관이나 널로 쓸 수도 없는 나무가 있었습니다. 쓸모가 없었기에 사람들은 벌목하지 않았고, 그 덕분에 나무는 수백 년 동안 산에서 제일 큰 나무로 자랄 수 있었습니다.

재목감이 아니라는 이유로 말미암아 훗날 되레 큰 나무가 되는 그런 인생 반전은 터무니없는 비현실적 이야기가 아닙니다.

어릴 적 주목받지 못한 아이가 장성해서 유명한 사람이 될 수 있고, 오디션에서 탈락했던 연습생이 전 세계인에게 사랑받는 글로벌 스타로 거듭날 수 있습니다.

지금 누군가를 놓고 쓸모없는 인물이라고 섣불리 무시하면 안 됩니다. 사람은 저마다 타고난 재능과 장점이 다를뿐더러 그 재능과 장점이 꽃 피우는 시기 또한 다릅니다.

지금은 아닐지라도 인생의 꽃이 피어나는 날은 반드시 옵니다.

쓸모없는 것이 오히려 쓸모 있는 게 되는 세상의 이치를 믿으

세요. 찬찬히 나에게 주어진 재능과 장점을 발견하세요. 그리고
키워 준비하세요.

또 믿으세요. 머지않아 그 재능과 장점으로 나만의 인생 꽃이
여봐란듯이 만개할 것입니다.

鳧脛雖短續之則憂 鶴脛雖長斷之則悲 故性長非所斷 性短非所續
부 경 수 단 속 지 즉 우 학 경 수 장 단 지 즉 비 고 성 장 비 소 단 성 단 비 소 속

無所去憂也
무 소 거 우 야

흘러가는 대로 흐르게 하라

온 세상이 흐려 있는데 나만이 홀로 맑고
뭇사람이 다 취해 있는데 나만이 홀로 깨어 있다.
새로 머리를 감은 사람은 반드시 갓을 털고
새로 몸을 씻은 사람은 반드시 옷을 턴다.
창랑의 물이 맑거든 내 갓끈을 씻고
창랑의 물이 흐리거든 내 발을 씻으리라.

《고문진보》〈어부사(漁父辭)〉

• • •

초나라에서 시인 굴원이 추방되었을 때 은자였던 한 어부를 만납니다. 굴원이 하소연합니다.

"세상이 흐리고 더러워 깨끗한 내가 추방을 당했네."

이에 어부가 말해줍니다.

"상황에 따라 처세할 수 있는 사람이 진정한 성인군자요."

우리가 사는 세상은 절대로 깨끗하고 아름다운 사람들만 살 수 없습니다. 더러는 더럽고 부조리한 것이 가득한 세상일 수도 있습니다.

세상이 타락했다고 모두 숨어버리고 떠나면 이 세상은 어떻게 될까요? 이런 세상에 꿋꿋하게 살아남아 깨끗하고 맑은 세상을 만들기 위해 노력해야 하지 않을까요?

뉴스를 보면 좋은 소식보다는 나쁜 소식이 많이 전해집니다. 가끔은 용감한 시민, 선한 시민의 뉴스가 보도될 때면 온 세상이 깨끗해지는 느낌이 듭니다.

분명 세상을 한꺼번에 바꿀 수는 없습니다. 다만, 우리 개개인이 이런 세상에 굴복하지 않고 우리가 하고 싶은 일을 완성해가면서 주위에 선한 영향력을 준다면 굴원이 원했던 맑고 깨끗한 세상이 되어갈 것입니다.

흙탕물에 계속 맑은 물을 부으면 결국 그 흙탕물은 맑은 물이 됩니다. 노자는 세상을 물처럼 살아야 한다고 주장합니다. 노자의 《도덕경》은 '상선약수(上善若水)'를 강조합니다.

'최고의 선은 물과 같다.'

물처럼 살아간다는 것은 기본적으로 순응적인 삶을 사는 것입니다.

물은 만물을 길러주고 키워주지만, 자신의 공을 남과 다투려하지 않습니다. 물은 담는 그릇에 따라 모양이 변합니다. 이런 성질처럼 어떠한 상황에도 능동적으로 유연하게 대처할 수 있어야합니다.

물의 성질에서 우리는 삶의 자세를 배워야 합니다. 모나지 않게 물 흐르듯 적응해가며 사는 삶의 자세가 필요합니다.

어부가 굴원에게 조언해주었던 것처럼 창랑의 물이 맑거든 갓끈을 씻고, 창랑의 물이 흐리거든 발을 씻으면 됩니다.

세상의 변화에 순응하면서 때론 소극적으로 때론 강한 물줄기같이 살아가는 삶의 지혜를 기억해야 합니다.

擧世皆濁 我獨淸 衆人皆濁 我獨醒 新沐者 必彈冠 新浴者 必振衣
거 세 개 탁 아 독 청 중 인 개 탁 아 독 성 신 목 자 필 탄 관 신 욕 자 필 진 의

滄浪之水淸兮 可以濯吾纓 滄浪之水濁兮可以濯吾足
창 랑 지 수 청 혜 가 이 탁 오 영 창 랑 지 수 탁 혜 가 이 탁 오 족

16

하나 된 사람의 마음이 가장 강하다

하늘의 때는 땅의 이득만 못하고,
땅의 이득은 사람의 화합만 못하다.

_《맹자》

● ● ●

맹자는 전쟁이 끊이지 않던 전국 시대의 유교 사상가로, 그 유명한 제자백가(諸子百家) 중 한 사람입니다.

그는 공자의 유교사상을 공자의 손자 자사의 문하에서 배웠습니다. 도덕정치 왕도(王道)를 주장했으나, 현실과 동떨어진 것으로 여겨져 중용되지 않았습니다. 그래서 그는 귀향하여 제자 교육에 힘썼습니다.

맹자는 평화주의자였는데, 평화는 지도자가 잘해야만 이룰 수 있다고 믿었습니다. 그래서 강조한 것이 인의(仁義)의 실천이었습니다.

맹자는 전쟁에서 승리하려면 천시(天時), 지리(地利), 인화(人和) 등 세 가지가 필요하다고 주장했습니다.

첫째, 천시는 계절, 기후, 시간 등의 자연조건을 말합니다.

둘째, 지리는 상대의 공격을 막고 우리 편은 공격하기 쉬운 지리적인 이점을 말합니다.

셋째, 인화는 민심을 얻는 것을 말합니다.

이 세 가지 중 가장 중요한 것은 바로 '인화'입니다. 사람들이 한마음이 되어 나라를 지킨다면 그 어떤 강국도 그 나라를 이길 수 없다고 맹자는 생각한 것입니다.

성곽이 튼튼하여 포위하고 공격해도 함락시키지 못하는 것은 지리가 좋기 때문입니다. 성도 높지 않고, 해자도 깊지 않고, 무기 또한 견고하지 않은 상대인데, 군량미를 확보해놓고서도 병사들이 싸우지 않고 도망가는 것은 지리보다 상대의 인화가 좋기 때문입니다.

전쟁처럼 극단적인 상황은 물론이고, 인간사의 모든 일을 되짚어보면 결국 그 중심에는 '사람'이 자리하고 있습니다. 아무리 뛰어난 계획과 훌륭한 자원이 있을지라도 함께하는 사람들이 하나 되지 못한다면 그 어떤 일도 이룰 수 없습니다. 반대로, 서로 의지하며 뭉친다면 그 어떤 일도 능히 이룰 수 있습니다. 요컨대 인간사의 모든 성패는 사람과의 관계, 즉 화합에 달려 있다고 해도 과언이 아닙니다.

각자의 삶도 중요하지만, 함께했을 때 사람은 더 행복합니다. 혼자 운동경기를 보면서 응원하는 것도 즐겁지만 모두 광장에 나와 한목소리로 응원하면 더 즐겁습니다. 해외에 있는 운동선수들에게까지 응원의 기운이 가는 건 물론입니다. 2002년 한일월드컵 때 붉은 악마의 응원이 바로 그 증거입니다.

어려울 때일수록 힘을 합쳐야 합니다. 그 어떤 외적인 요소보다 국민이 하나 되고, 가족이 하나 되고, 부부가 하나 될 때 이들을 이길 방도는 없습니다.

하나 된 마음이 가장 강력한 힘입니다.

근사하게 원문 읽기

天時不如地利 地利不如人和
천 시 불 여 지 리　지 리 불 여 인 화

17

행복한 영웅이 되라

작은 일을 소홀히 하지 않고,
보이지 않는 곳에서도 속이거나 숨기지 않고,
실패했을 때도 포기하지 않으면,
이것이 진정한 영웅이다.

_《채근담》

•••

《채근담》은, 진정한 영웅은 '작은 일도 소홀히 하지 않고, 남이 보지 않는 곳에서도 양심적으로 행동하고, 매사에 쉽게 포기하지 않는 사람'이라고 말합니다.

영웅이 되려면 대단한 일을 해야 영웅이 되는 줄 알았는데 평범하면서도 실천할 수 있는 조건들입니다. 성실하고 정직하게 그리고 포기하지 않고 노력하며 산다면 우리도 진정한 영웅이 될 수 있습니다.

《중용》에는 성실함을 세상의 모든 것을 이루는 원리라고 설명합니다. 바로 사자성어 '불성무물(不誠無物)'이라는 말인데, '성실하지 않다면 어떤 물질도 존재할 수 없다'라는 뜻입니다.

자연의 산과 바다가 존재로 남을 수 있는 까닭은 쉬지 않고 늘 순수한 마음으로 스스로를 이어왔기 때문이라고 봅니다. 자연이 그러하듯, 인간 또한 성실하기만 하다면 원하는 것을 거머쥘 수 있다고 보는 것입니다.

사소한 일에도 정성을 다하는 사람, 홀로 있는 자리에서도 양심을 지키는 사람, 그 어떤 난관에도 쉽게 포기하지 않는 사람, 그렇게 매사에 자신의 존재가치를 드러내는 사람이 모두가 우러러볼 영웅이 되는 것입니다.

실상 우리의 영웅은 아마도 부모님인 사람이 많을 것입니다. 자식을 향한 사랑이 늘 한결같고, 자식을 위한 일이라면 무엇이든 해내며, 인내하면서 결코 포기하지 않는 이들이 바로 부모님이기 때문입니다.

행복한 영웅이 된다는 것은 내 주위에 있는 영웅을 알아보고, 그 영웅처럼 나도 닮아가려 하는 것입니다. 우리 또한 행복한 영웅이 될 수 있습니다.

근사하게 원문 읽기

小處不滲漏 暗中不欺隱 末路不怠荒 纔是個眞正英雄
소 처 불 삼 루 암 중 불 기 은 말 로 불 태 황 재 시 개 진 정 영 웅

18

떠나는 뒷모습을 아름답게 남겨라

후학들은 두려워할 만한 존재다.
다가오는 자가 오늘의 우리보다 못할지 어찌 알겠느냐?
40, 50세가 되어서도 이름이나 업적이 들리는 바가 없다면
이런 사람은 역시 두려워할 필요가 없다.

《논어》

• • •

재주와 덕을 갖추고 학문이 뛰어났으나 단명한 공자의 수제자 안회를 생각하며 공자가 다른 제자들에게 해준 말입니다. 젊었을 때 학문에 힘쓰지 않는다면 후배들에게 모두 자리를 빼앗길 수 있으니, 학문을 대하는 태도를 겸손하게 하고 항상 학문에 정진할 것을 가르친 것입니다.

지금 시대에도 마찬가지로 능력이 없다면 능력이 있는 후배에게 자리를 내어줄 수밖에 없습니다. 물러날 때가 되었는데도 끝까지 자리를 버틴다면 쫓겨나듯이 강제로 밀려나는 수모를 겪게 될지도 모릅니다. 그런 수모를 당하기 전에 모두의 축하를 받으며 자리를 떠나는 것이 현명한 사람입니다.

'오동나무 꽃 가득한 산길에(桐花萬里丹山路동화만리단산로) 어린 봉황이 늙은 봉황보다 청아한 소리를 내는구나(雛鳳淸於老鳳聲추봉청어로봉성).'

이는 당나라 시인 이상은이 즉석에서 지어 송별하니 그 자리에 있던 사람들이 매우 놀랐다는 시입니다. 아름다운 자연을 읊은 시인데, 이 시구의 의도는 세대교체가 되고 있음을 알린 것입니다.

늙은 봉황은 이제 어린 봉황에게 청아한 소리 내는 자리를 물려주어야 합니다. 자연도 봄, 여름, 가을, 겨울을 지나며 변화하고 세대교체를 합니다. 사람 사는 세상도 당연히 자연처럼 바뀌면서 가야 갑니다.

《석시현문(昔時賢文)》에도 같은 맥락의 글이 있습니다.

'장강의 뒷 물결은 앞 물결을 재촉하고, 세상의 새사람은 옛사람을 쫓는다.'

세대교체는 당연한 일입니다. 박수를 받고 떠날 수 있는 사람으로 남아야 합니다. 그렇게 되려면 젊은 시절 박수받을 행동과 업적을 쌓아놓아야 합니다.

평소에 어른다운 인품과 겸손함을 몸에 지녀야 합니다. 후배들의 앞길을 열어주고, 후배들의 발전을 위해 선배로서 해줄 일이 있다면 개척해줘야 합니다. 그런 선배라면 후배들이 존경하며 그가 떠날 때 기립박수를 칠 것 같습니다.

YTN 라디오 피디 김혜민의 《지금보다 괜찮은 어른》에는 60대 여자 선배가 퇴임하면서 해준 인상적인 말이 있습니다.

'만만치 않은 인생을 살았지만 돌아보니 인생이 내게 친절했다.'

이 말은 타인에게도 스스로에게도 친절했기에 받은 축복입니다. 세상을 내 편으로 만드는 것은 머리가 아니라 행동이라고 김혜민 피디는 설명을 덧붙입니다. 친절은 신이 인간에게 허락한 최고의 축복이며 인간이 할 수 있는 가장 강력한 행복 비법이라고 결론 내립니다.

후배들에게 존경받는 선배는 바로 이런 성품이 몸에 녹아 있는 사람입니다. 떠나는 뒷모습이 아름다운 사람을 보고 싶습니다. 그리고 그런 사람이 되기 위해 노력해봅니다.

근사하게 원문 읽기

後生可畏 焉知來者之不如今也 四十五十而無聞焉 斯亦不足畏也已
후 생 가 외　언 지 래 자 지 불 여 금 야　사 십 오 십 이 무 문 언　사 역 부 족 외 야 이

19

시작만 해도 90% 성공이다

비유컨대 마치 산을 쌓는 것과 같아서
한 삼태기를 마저 이루지 못하고 멈춘 것이면 내가 멈춘 것이며,
비유컨대 땅을 평평하게 하는 것과 같이
비록 흙 한 삼태기를 부었다 하더라도 진전이 있으면 내가 나아가는 것이라.
_《논어》

• • •

공자는 학문에 대해 비유하여 말합니다.

산을 쌓음에 있어서 마지막 한 삼태기의 흙을 붓지 않으면 학문을 완성하지 못하는 것이라고. 그리고 땅을 고르게 하기 위해 한 삼태기의 흙을 부었다 하더라도 계속 나아가는 것이 보이면 나아간다고.

공자는 하찮은 것을 이루었다 하더라도 지속적으로 행동하면 도와줄 것이라고 제자들에게 힘주어 말합니다.

《전국책(戰國策)》은 말합니다.

'100리를 가려는 자는 90리를 반으로 여긴다.'

'시작이 반이다'라는 우리 속담과 상통하는 말입니다.

어떤 일이든 시작이 어려운 법입니다. 그렇기에 시작만 하면 절반은 해낸 것이나 다름없습니다. 그 어떤 큰일도 마지막 한 걸음을 내딛기 전까지는 완성된 것이 아닙니다.

일은 과감하게 시작해야 합니다. 모든 일의 시작은 작고 미약하게 마련입니다. 처음부터 완벽하고 거대한 일이란 존재하지 않습니다. 일이 작다고 해서 애초에 시작조차 하지 않는 것은 가장 어리석은 행동입니다. 반대로 일이 너무 크다고 겁먹고 포기해버린다면, 어떤 일도 제대로 시작할 수 없습니다. 작은 발걸음이라도 용기 있게 내딛는 것이 결국 큰 성과로 이어지는 첫걸음이 됩니다.

일단 일을 시작하면 목표를 이루기 위해 끝까지 포기하지 말고 밀고 나가야 합니다. 지금 멈춘 자리가 마지막 한 걸음이 모자라서 실패한 자리일 수 있습니다.

《순자》는 말합니다.

'기(驥)는 하루에 천릿길을 달리지만, 노마(駑馬)도 열흘이면 이를 따라잡는다.'

'기'는 일명 천리마로, 명마입니다. 이에 비해 '노마'는 둔한 말입니다. 즉, 천리마만큼 빠르게 갈 수 없는 둔한 말이라도 노력하면 천리마만큼의 거리는 갈 수 있다는 뜻입니다. 일단 달린다면 둔할 말도 천리마가 간 거리만큼은 갈 수 있습니다.

시작은 결코 반이 아닙니다. 시작은 90%의 성공을 보장한 위대한 일입니다. 시작하면 성공은 따놓은 당상입니다. 10%만 완성하면 완전한 성공이니, 최종목표를 이룰 때까지 긴장의 끈을 놓지 않아야 합니다.

행복하기로 마음을 먹어야 행복이 옵니다. 연애와 사랑도 시작해야 사랑의 감정을 느낍니다. 조금이라도 후회가 적은 인생으로 마감하고 싶다면 무슨 일이든 시작해야 합니다.

근사하게 원문 읽기

譬如爲山 未成一簣 止 吾止也 譬如平地 雖覆一簣 進 吾往也
비여위산 미성일궤 지 오지야 비여평지 수복이궤 진 오왕야

20

은밀하게 선행을 베풀라

덕행을 실현하려면
모름지기 아주 작은 일에도 조심하라.
남에게 은혜를 베풀 때는,
그 은혜에 보답할 수 없는 사람에게 하라.

_《채근담》

• • •

은혜를 베푸는 일은 반드시 순수한 마음과 진심이 담긴 태도로 해야 합니다. 자신을 드러내거나 과시하기 위해 혹은 어떤 형태로든 보답을 기대하며 베푸는 은혜는 자칫 받는 사람의 마음에 큰 상처를 줄 수 있습니다.

진정한 은혜는 대가를 바라지 않고, 상대방의 형편이나 상황과 무관하게 오직 마음에서 우러나온 행동으로 이루어져야 합니다. 보은할 능력이 없는 사람에게 베푸는 은혜야말로 참된 선행입니다. 선행은 은밀하게 하는 게 바람직합니다. 자기 자신조차도 의식하지 않을 정도로 말입니다.

'덕(德)'이란 상대방을 치켜세우고 나를 낮추는 것입니다. 그렇기에 덕을 실천하려면 아주 작은 일에도 조심하고 또 조심해야 합니다.

남에게 은혜를 베푸는 행위 역시 덕을 실천하는 일 중 하나일 수 있습니다. 무엇보다 은혜를 베풀 때는 베푸는 사람의 입장이 아닌, 은혜받는 사람의 입장에서 생각하고 행동하는 것이 중요합니다. 상대방이 어떻게 느낄지를 먼저 헤아리는 배려가 있을 때, 그 은혜는 진심으로 전해지고 더 깊은 감동을 줍니다.

남에게 알려지지 않은 선행을 '음덕(陰德)'이라고 합니다. 남들이 다 아는 선행은 음덕이라고 하지 않습니다.

《북사(北史)》에서는 '음덕'을 '이명(耳鳴)'이라고 하는데, 자신만 알고 있고 남들은 도통 모른다는 의미에서 이렇게 지칭합니다.

아무도 모르게 선행을 실천하지만, 그럼에도 하늘은 반드시 그에 대한 보답을 해준다고 많은 사람이 믿습니다. 물론 그 보답이 꼭 있을 것인가에 대해서는 믿는 사람도 있고 믿지 않는 사람도 있을 것인데, 그건 결국 각자의 신념과 가치관에 따른 개인적 문제입니다. 여하튼 선행을 베풀 때는 드러내지 않고 조용히 실천하는 '음덕'으로 하는 것이 더 의미 있고 아름답습니다.

최근 기부금에 관한 기사를 신문으로 접했습니다. 고려대학교 개교 120주년을 맞아, 한 사람이 630억 원을 기부한 것입니다. 그는 자신의 신분을 절대 밝히지 않는 조건으로, 이 통 큰 기부를 결심했다고 합니다. 어마어마한 돈을 쾌척한 익명의 기부자에게 세상의 관심이 쏠렸음은 물론입니다.

이런 게 바로 은혜를 베푸는 것입니다. 불우한 이웃들의 마음을 헤아리고 같이 아파하며 자신만의 방법으로 은혜를 베풀면 됩니다. 꼭 돈이 아니어도 시간과 몸으로 은혜를 베풀면 됩니다.

은혜를 베풀어본 사람들은 하나같이 말합니다. 은혜를 베풀 수 있어서 자신이 더 행복하다고 말입니다.

은혜를 베푸는 것은, 실은 자신을 위한 선행입니다.

謹德 須謹於至微之事 施恩 務施於不報之人
근 덕 수 근 어 지 미 지 사 시 은 무 시 어 불 보 지 인

302